今昔物語集の人々

平安京篇

中村修也著

思文閣出版

今昔物語集の人々　平安京篇※目　次

今昔物語集の人々

はじめに

ある日の暮れ方のことである。一人の下人が、羅生門の下で雨やみを待っていた。ひろい門の下には、この男のほかにたれもいない。ただ、ところどころ丹塗りのはげた、大きな円柱に、きりぎりすが一匹とまっている。羅生門が、朱雀大路にある以上は、この男のほかにも、雨やみをする市女笠や揉烏帽子が、もう二三人はありそうなものである。それが、この男のほかにはたれもいない。

芥川龍之介の「羅生門」の冒頭の一節です。

長雨の中の羅城門の情景を淡々と描写することで、平安京の都市としての疲弊感をみごとに表しています。もちろん疲弊しているのは、門や都市だけではありません。人間もまた疲弊しているのです。その代表ともいえる男が一人、ぼそりと羅城門に登場します。彼はこれからどうするのでしょうか。のっけから読者は物語に惹きつけられることとなります。

平安京は、桓武天皇によって人工的に造られた都市でした。桓武という一人の権力者によって、平城京・長岡京という二つの都が葬り去られ、永遠の都として造られたのが平安京ということができます。

平城京や長岡京に、都としての生命が残されていなかったかどうかは、今となってはわかりません。しかし、平安京がその後約千年の間、天皇が居住する「都」として存在し続けたことは事実です。この事実は非常に重いと考えます。天皇という一人の人間の居住だけでは、都市は維持されません。天皇を取り巻く貴族・官人がいて、さらにそれらを支える多くの人々の存在があって、はじめて平安京は「都市」としての機能を発揮したといえるのです。

しかも、平安京は権力の中心が鎌倉や江戸に移っても、「都」たりえてきました。明治になり、天皇が東京に遷り、はじめて京都は地方都市になりました。その意味では、やはり天皇の存在は無視できない意味を持つと言わざるを得ないのかもしれません。ですが、千年の都は、一人の権力者によって運営されたとは考えにくいのです。そこに住む人々によって、物理的にも精神的にも変容を余儀なくされ、発展もしてきたといえましょう。

天皇・貴族も人間である以上、食事をし、衣服を着、家に住みます。それらを実現するためには、衣食住に関連する多くの人間の存在を必要とします。たとえば、魚一尾食べるにも、それを漁する人間がいて、さらに魚を京に運ぶ人がいて、市で売る人がいて、それを市に買いに行く人がいて、買った魚を料理する人、食膳に運ぶ人がいます。

そうすると、その魚にかかわる人たちの住居も京内に必要になります。そして、今度はその人たちが食べる物を売る人が必要になり、彼らの着る衣服を調達する人も存在しなければならなくなります。ようするに、人間が一人存在するためには、連鎖的に多くの人が必要になり、さらにその連鎖がさらなる連鎖を生み出します。それが都市の基本的な構造でしょう。

むつかしいことはさておき、とにかく都市には多くの人が住み、それが消費を生み、また造作を進め、次第に人工的な空間が、住民にとって住みやすい空間へと変容させられてゆきます。つまり平安京が「都市」であるためには、天皇・貴族だけではなく、職人や商人、僧侶や修験者、大人や子ども、京戸も地方からの流入民も、さまざまな人間が住んでいることが必要でした。

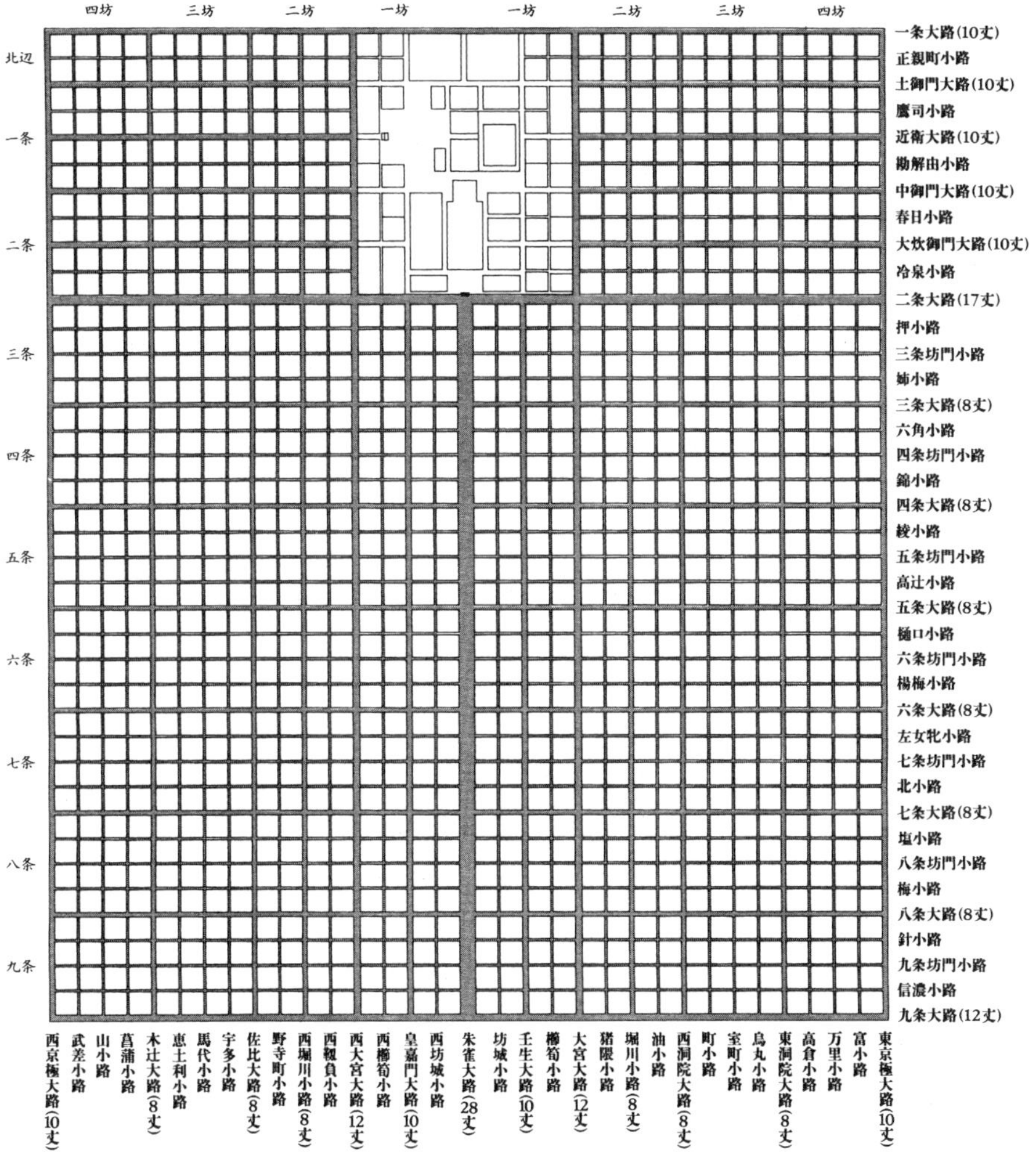
四坊
三坊
二坊
一坊
一坊
二坊
三坊
四坊
北辺
一条
二条
三条
四条
五条
六条
七条
八条
九条
一条大路(10丈)
正親町小路
土御門大路(10丈)
鷹司小路
近衛大路(10丈)
勘解由小路
中御門大路(10丈)
春日小路
大炊御門大路(10丈)
冷泉小路
二条大路(17丈)
押小路
三条坊門小路
姉小路
三条大路(8丈)
六角小路
四条坊門小路
錦小路
四条大路(8丈)
綾小路
五条坊門小路
高辻小路
五条大路(8丈)
樋口小路
六条坊門小路
楊梅小路
六条大路(8丈)
左女牛小路
七条坊門小路
北小路
七条大路(8丈)
塩小路
八条坊門小路
梅小路
八条大路(8丈)
針小路
九条坊門小路
信濃小路
九条大路(12丈)
西京極大路(10丈)
武差小路
山小路
菖蒲小路
木辻大路(8丈)
恵土利小路
馬代小路
宇多小路
佐比大路(8丈)
野寺町小路
西堀川小路(8丈)
西靫負小路
西大宮大路(12丈)
西櫛笥小路
皇嘉門大路(10丈)
西坊城小路
朱雀大路(28丈)
坊城小路
壬生大路(10丈)
櫛笥小路
大宮大路(12丈)
猪隈小路
堀川小路(8丈)
油小路
西洞院大路(8丈)
町小路
室町小路
烏丸小路
東洞院大路(8丈)
高倉小路
万里小路
富小路
東京極大路(10丈)

図1　平安京坊城図

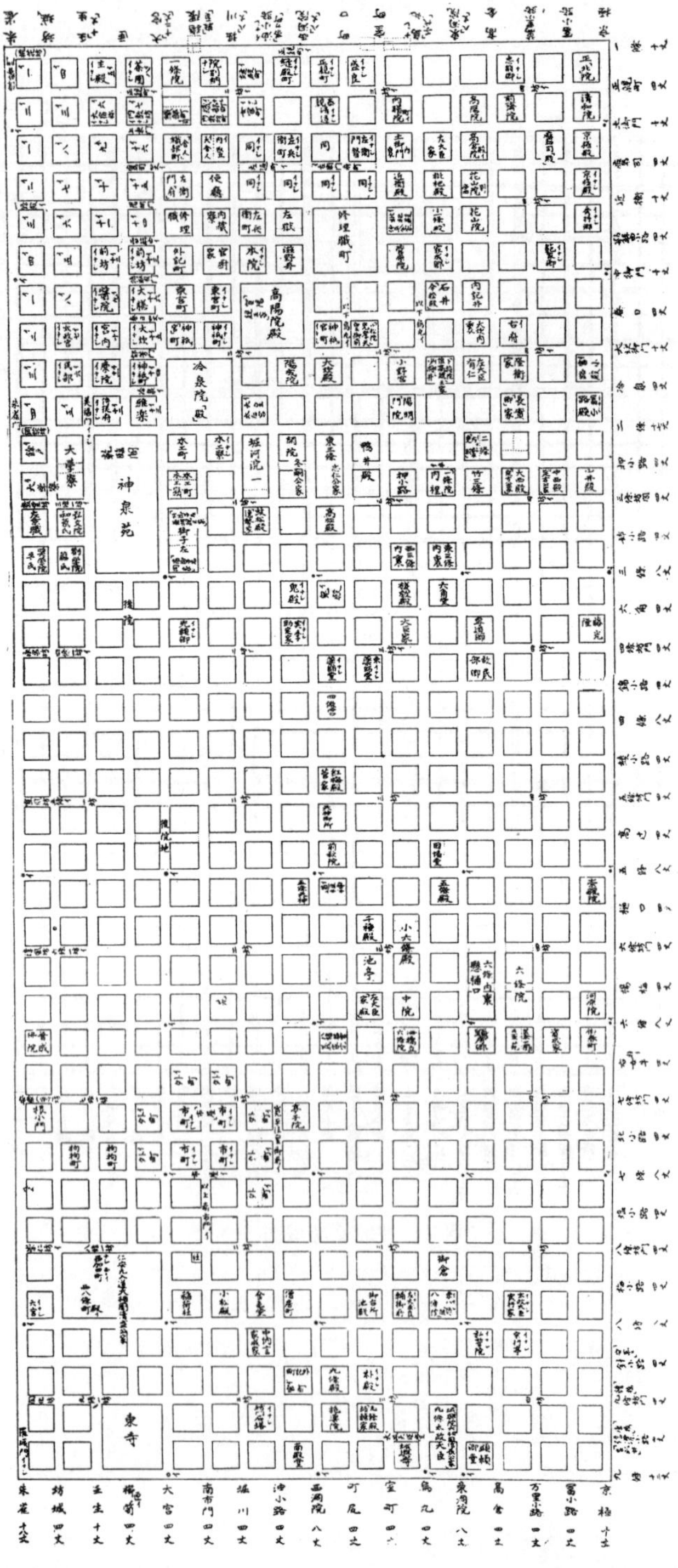

図2　東京図

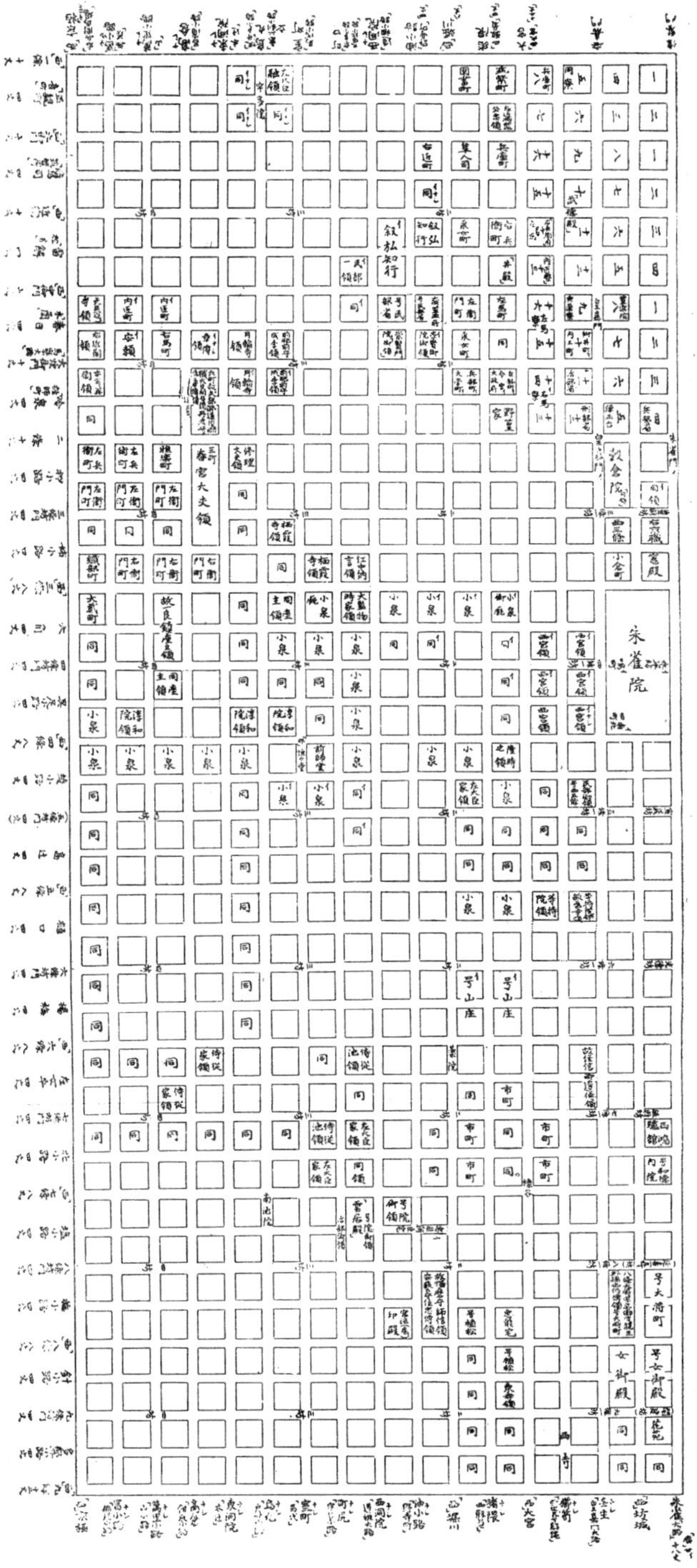

図3　西京図

本書は、平安京のさまざまな側面を知ろうとする試みです。都市を研究する場合、基本プランのルーツが中国の何城にあるのか、あるいは街路と条坊の関係はどうかといった建築史からの視点が、これまでは主体でしたが、構造や建築物ではなく、そこに住む人々から探ろうというのが、本書の目的です。そこには都市の建築的変容も、居住民のニーズにしたがって行われたものであるという前提があります。

『今昔物語集』は説話集であって、史書ではありません。しかし六国史などが史書だからといっても、千年以上も前に編纂された史書がどれほど正確な歴史を語ってくれるでしょうか。小説家の中村真一郎氏は紫式部の「日本紀などは片そばぞかし」という言葉を引いて、「事実を報告する歴史書などというものは、現実の部分的真理を語るに過ぎないので、フィクションによる物語こそが、全体的真理を表現しうるのである」と紫式部に代わって主張しています（『王朝物語』）。一面的な事実を断片的に記したにすぎない史書や史料よりも、たとえフィクションであっても、肉付けされた小説の方が、よほど読者に「時代の真実性」を伝えることができる、より実態に近いものを感じ取ってもらえる、ということでしょう。

その反面、いかに当時の実態を伝えているといっても、説話はあくまで説話です。けっして史実とは同一視できません。ところが、説話を扱っていると、説話の魅力に魅了され、知らぬ間に説話の中の出来事を、ほんとうにあった事実のごとく錯覚してしまうことがあります。落ち着いてよく読めば、いろんな矛盾に気づくのですが、話の筋や登場人物の性格などに注目していると、ついつい引き込まれてしまうのです。さきほどの紫式部の代表的著作である『源氏物語』の研究などは、あまりに熱が入りすぎ、主人公の光源氏が紫の上と最初に出会った場所はどこだとか、桐壺帝との対面場所は御所のどの場所であるか、などといったことが真面目に論じられたりすることがあります。『源氏物語』は、紫式部の創作であるとわかっていても、作品の魅力・リアリティに惹き込まれて、ついつい現実と虚構を区別できなくなるのです。

『今昔物語集』は、歴史書として書かれたものではありません。その内容や叙述に歴史性を超えた真実が潜んでいたとしても、事件や人物像をそのままに受けとめては、大きな間違いを犯します。あくまで、説話に描かれたものは、後世の人が、かくあったであろうと想像して叙述したものにすぎないのです。言い方を換えますと、リアルタイムな史実ではありませんが、説話として叙述された時点での、ある種の認識された事実（これを虚像といってもよいでしょう）ということができます。

いったい『今昔物語集』は歴史を伝えているのか、そうでないのかはっきりしてくれ、という読者のみなさんの声が聞こえてきそうなことを書き綴りましたが、実はどちらでもあり、どちらでもない、としかお答えできないのです。『今昔物語集』の編者たちは、十二世紀の時点で、十世紀・十一世紀頃の平安京の内外の人々の生活はこうであったろうと想像しながら、自分の意見を書き加えて編集しています。私たちもやはり『今昔物語集』その他の史料や古典を見ながら、平安時代はこのようだったのではないかと頭を捻りながら歴史研究を行っています。見た事実をそのまま伝えるということはできませんから、平安時代のお祭り見物はこうだったろうか、夜の平安京はけっこう物騒だったんじゃないかなと推理し、論証してゆくわけです。そして、読者のみなさんにも、同じように推理し、歴史の世界に入って、自分なりの平安時代を楽しんでいただきたいと思います。

第一章　都人の楽しみ神社詣で

見物人

第一節　賀茂祭を見物する翁

古代の楽しみ

現代の私たちの楽しみといえばなんでしょうか。旅行・観劇・行楽といった健全なものから、ギャンブルや危険を伴うスポーツまで、さまざまな楽しみ方があります。実は、平安時代にも、現代とほぼ同様なさまざまな娯楽が存在しました。もちろん科学の発達具合いで、時代差が生まれますから、ゲームセンターやインターネットといったものは存在していません。道具を利用する点においては、過去と現代で差が生じるのは当然です。しかし、本質においては、それほどの差はないのではないでしょうか。

たとえばお祭りをとりあげて考えてみましょう。お祭りは、主として神を祭る行事ですが、そこには露店が出て、子どもたちは日頃目にしない品物を見て楽しみます。大人もまた、日常とは異なる露店の賑わいに精神が高揚し、露店と露店の間の参道を歩くだけで楽しくなります。もっと具体的に述べますと、屋台のとうもろこしの香ばしい匂いや、たこ焼きやお好み焼きのソースの匂いが鼻を刺激し、金魚すくいやヨーヨー釣りが郷愁を誘うというところでしょうか。子どもたちは、もちろん何度も試みたことがあっても、ヨーヨー釣りやスーパーボールすくいに目が釘付けとなり、やらずにはいられません。また手がべとべととなっても、わたあめを買わずにはいられないのです。

神社詣ではいちおう果たすものの、どちらかといえばこの参道の両側に出された露店が楽しみでお祭りに出かけると言っても過言ではありません。

科学の発達がさほどではない平安時代では、神仏に対する敬虔な意識は、現代と比べものにならないほど厚かったことでしょう。しかし、神仏への敬虔な気持ちがあるからといって、お祭りに伴う楽しみを否定する気持ちはなかったはずです。

奈良・平安時代を通して、山背《やましろ》（城）国で「祭り」といえば賀茂祭《かものまつり》をさしました。賀茂祭は山城国《やましろのくに》に平安京が造営される以前から、近隣諸国に知られた賑やかな祭礼だったのです。『続日本紀《しょくにほんぎ》』の記事には、その賑わいぶりが次のように記されています。

①（文武天皇二年〔六九八〕三月）辛巳《二十一日》、山背国賀茂祭の日、衆《もろひと》を会《あつ》めて騎射《うまゆみ》することを禁ず。

②（大宝二年〔七〇二〕夏四月）庚子《三日》、賀茂神を祭る日に、徒衆《もろひと》会集《つど》ひて仗《ぢやう》を執《と》りて騎射することを禁ず。唯《ただ》し、当国の人は禁《いさめ》の限《かぎり》に在らず。

③（和銅四年〔七一一〕四月）乙未《二十日》、詔《みことのり》すらく、「賀茂の神祭《かみまつり》の日、今より以後、国司《こくし》、年毎《としごと》に親《みづか》ら臨みて検察せよ」と。

①と②の史料から、八世紀前後には、山背国の賀茂祭が「騎射」を行う、勇武な儀式であり、禁制しなければならないほどの危険性を伴ったものであったことが見てとれます。当時の「騎射」がどのような行為を意味したのかは不明ですが、現在は、競馬だけが行われています。②によると、その「騎射」は「仗を執りて」行うこともあったようです。仗は武器の一種ですから、単なる的当てではなく、いささかなりとも騎乗合戦のようなことが行われたのでしょうか。

賀茂祭の騎射

『山城国風土記』逸文《いつぶん》には、「賀茂乗馬」についての記載があります。

妹《いろせ》玉依日子《たまよりひこ》は、今の賀茂県主《かものあがたぬし》等《ら》が遠つ祖《おや》なり。其の祭祀《まつり》の日、馬に乗ることは、志貴島《しきしま》

図1　葵祭行列

の宮に御宇《あめのしたしろ》しめしし天皇《すめらみこと》の御世、天の下国挙《こぞ》りて風吹き雨零《ふ》りて、百姓《おほみたから》含愁《うれ》へき。その時、卜部《うらべ》、伊吉《いき》の若日子《わかひこ》に勅《みことのり》して卜《うら》へしめたまふに、乃《すなは》ち卜へて、賀茂の神の祟《たた》りなりと奏《まを》しき。仍《よ》りて四月《うづき》の吉日《よきひ》を撰びて祀《まつ》るに、馬は鈴を係《か》け、人は猪《しし》の頭《かしら》を蒙《かがふ》りて、駈馳《は》せて、祭祀を為《な》して、能く禱《ね》ぎ祀らしめたまひき。因《よ》りて五穀《たなつもの》成就《みの》り、天《あめ》の下豊平《ゆたか》なりき。馬に乗ること此《ここ》に始まれり。

これによりますと、賀茂競馬《かものくらべうま》は、志貴島宮御宇天皇の御世つまり欽明大王《きんめいのおおきみ》の時代に始まったことになります。たしかに『日本書紀』欽明二十八年には「郡国《くにぐに》、大水いでて飢ゑたり」という記事があり、風土記の「天の下国挙《こぞ》りて風吹き雨零《ふ》りて、百姓含愁《うれ》へき」という記載と合致します。また、欽明大王は、即位前に山背国紀郡《きのこおり》の深草里《ふかくさのさと》に住む秦大津父《はたのおおつち》を登用するなど、山背国と関係深い大王でした。おそらく、そのような欽明に、競馬の起源が仮託されたのでしょう。

競馬が四月の吉日を選んで行われたことは、文武朝の②と③の史料にみえる禁制が、ともに四月に出されていることからも肯《うなず》けます。馬が鈴を付けるのは、その鈴の音によって所在を知らせると同時に、馬を興奮させて早く走らせる効果を狙ったものでしょう。しかし参加者が猪の頭をかぶって騎馬するというのは、いささか奇祭じみています。

この風土記逸文が記す賀茂競馬と『続日本紀』の「騎射」が、どのような関係にあるかは判然としませんが、馬を使用する行事がいくつもあるとは思えませんので、これらは同じ内容の行事と考えてよいかと思います。

いずれにしましても、「騎射」が禁止されるというのは、それがあまりに人気で、人々の興奮を呼ぶものであったからでしょう。本来、賀茂氏の氏族祭礼であった賀茂祭が国司の検察を必要とするものになったのは、一氏族レベルでは、人々の興奮と混乱を取り押さえることができなかったことを意味します。

情報網がそれほど発達していたとは思えない七世紀末に、地方の一氏族の祭礼が、都にまで評判となるというのは、並大抵のことではありません。ラジオもテレビもない時代。もちろん電話もないし、鉄道もありません。道路事情もよくない状況で、その祭りの楽しさが他国に伝わり、多くの人が参集することの異例さに、我々は思いを馳せる必要があります。その祭りの過激な様子が藤原京・平城京にまで伝わり、国家が統制の手を伸ばさざるをえないというのは、なんともすごいことです。

賀茂祭見物

その賀茂祭も、平安京の成立とともに、氏族の祭礼から国家行事へと変化します。『枕草子』第百七十九段に、「見るものは、行幸《みゆき》。祭の帰《かへ》さ。御賀茂詣。臨時の祭」とありますように、天皇の行幸と並んで、関白の賀茂社参詣・賀茂臨時祭が見るべきものとして挙げられています。

『今昔物語集』巻三十一第六話に「加茂祭日一条大路立札見物翁語《かものまつりのひいちでうのおほぢにふだをたててけんぶつするおきなのこと》」という話があります。

今昔《いまはむかし》、加茂《かも》の祭《まつり》の日、一条と東《ひむがし》の洞院《とうゐん》とに、暁より札立たりけり。其《そ》の札に書《かき》たる様《やう》、「此《ここ》は翁《おきな》の物《もの》見《み》むずる所也。人不可立《たつべから》ず」と。人其の札を見て、敢て其の辺《ほとり》に不寄《よら》ず。「此《こ》は陽成院《やうぜいゐん》の物《もの》御覧《ごらむ》ぜむとて被立《たてられ》たる札なり」と皆思《おもひ》て、歩《かち》の人更に不寄《よらざり》けり。何況《いかにいはむ》や。車と云《い》ふ物は、其の札の当《あた》りに不立《たた》ざりけるに、漸く事成らむと為《す》る程に、見れば、浅黄上下《あさぎのかみしも》着たる翁出来《いでき》て、上下を見上見下《みあげみおろ》して、高扇《たかあふぎつかひ》を仕て、其の札の許《もと》に立て、静《しづか》に物を見て、物渡《ものわた》り畢《はて》にければ返《かへり》ぬ。

然《しか》れば、人、「陽成院の物可御覧《ものごらむずべ》かりけるに、怪《あやし》く不御《おはし》まさゞりぬるは」「何《いか》なる事にて不御覧《ごらむぜ》ぬにか」「札を立乍《たてなが》ら不御まさゞりぬる、怪き事かな」と人口々に不心得《こころえ》ず云合《いひあひ》たりけるに、亦人の云ふ様、「此《こ》の物見つる翁の気色《けしき》は怪かりつる者かな。此奴《こやつ》の、『院より被立《たてられ》たる札』と人には思はせて、此《こ》の翁の、札を立て、『我れ所得《ところえ》て物見む』とて為《し》たるにや有らむ」など、様々に人云繚《いひあつかひ》けるに、陽成院自然《おのづか》ら此事を聞《きこ》し食《めし》てければ、「其翁慥《たしか》に召して問へ」と被仰《おほせられ》ければ、其の翁を被尋《たづねられ》けるに、其の翁、西の八条の刀禰有《とねにあり》ける。然れば院より下部《しもべ》を遣《つかは》して召《めし》ければ、翁参《まゐり》てけり。

これは、なかなかに傑作な話です。ある時、賀茂祭の当日、一条東洞院《ひがしのとういん》の交差点に、「ここは翁《おきな》が見物する場所である」と書かれた高札が、早暁より立てられていました。人というのはおかしなもので、高札が立てられていると、勝手に公的機関が立てたものだと思い込んでしまうものです。その当時の人も、あまりに堂々と立てられた高札を見て、「これは陽成院《ようぜいいん》がここで見物しようと考えて立てたものであろう」と勝手に解釈して、その場所は空けておきました。すると、徒歩で来ている人が敬遠しているのを見て、牛車《ぎっしゃ》で来た人たちも、自然と高札の周りだけは空けておくという現象が生まれます。ところが、そこに現れたのは陽成院ではなく、浅黄《あさぎ》の上下を着た翁でした。翁は、その場所で悠然と賀茂祭を見物して帰っていったという話です。

なんとも人を食った翁ではありませんか。このあと、院の役人による尋問があり、翁は一条大路に高札を立てた理由を問いただされます。それに対して翁は次のように答えます。

翁既に年八十に罷《まかり》成《なり》にたれば、物見む心も不候《さぶらは》ず。其《そ》れに、孫に候《さぶら》ふ男《をのこ》の、今年蔵司《くらのつかさ》の小使《せうし》にて罷り渡《わた》り候つる也。其れが極《きはめ》て見ま欲《ほし》く思給《おもひたま》へ候しかば、「罷出《まかりいで》て見給へむ」と思給へしに、「年は罷老《まかりおい》にたり。人の多く候はむ中にて見候《さぶら》はば、被踏倒《ふみたふされ》て死候《しにさぶらひ》なむ。益《やく》無かりけむ」と思給て、「人不寄来《よりきたら》ざらむ所にてやすらかにて見給へむ」と思給へて立て候ひし札也。

翁の言うには、自分はもう年寄りですから、祭り見物をしたいなどとはつゆにも思いません。しかしながら、今年は、孫息子が内蔵寮《くらりょう》の小使として行列に参加しているので、その晴れ姿だけはなんとかして見たいと思うのです。ところが、なにぶんにも年には勝てぬもので、この老いぼれが、人ごみの中に入っていって見物しようものなら、踏み潰《つぶ》されかねません。そうなってしまってはなんにもなりません。そこで、なんとか人の寄り付かない場所で、心安らかに見物できないものかと考えて、立札を立てた次第です。

このような孫思いの言葉を聞いて、陽成院は老人の智恵深さに感心して、翁を無罪放免として、院の役人を帰院させます。ところが世間の人は、陽成院ほど単純ではありません。悪知恵を働かせて、一人のうのうと賀茂祭の行列を見物した翁に対して批判的です。その批判は間接的に、なんの罪も課さなかった陽成院へと向かいます。「世の人は此《か》く感ぜさせ給不受申《たまふをうけまうさ》ざりけり」という表現に、その感情は表わされています。

この翁の話は、いかに賀茂祭の見物が混雑したかに起因する物語です。そして、賀茂祭は老若男女を問わず、誰もが夢中になって見物に出かけ、少しでもいい席で行列を見物したいと願っていたことがわかる話でもあります。

もちろん、翁の「孫に候男の、今年蔵司の小使にて罷り渡り候つる」云々という話は、作り話です。翁本人が、帰宅後に妻の老婆に「我が構《かまへ》たりし事、当《まさ》に悪《あしからむ》や（どうだ、わしの計画はうまくいったろう）」と語っていることでわかります。まことに悪賢いじいさんです。しかし、意外に憎めません。

それは、誰もが、一度はゆったりと構えて賀茂祭の行列を見物してみたいと考えていたことを、この翁がみごとにやりおおせたということ。また、庶民には困難でも、貴族たちがいつもわが物顔で見物していたことに対する憤懣《ふんまん》があったからでしょう。

貴族の賀茂祭見物の様子は、紫式部《むらさきしきぶ》の『源氏物語』葵《あおい》巻によく描き出されています。まず、本祭の前に行われる賀茂斎院の御禊の様子から描かれています。

桟敷・物見車の有様

かねてより物見車心づかひしけり。一条の大路、所なくむくつけきまでさはぎたり。所々の御桟敷《さじき》、心々にし尽くしたるしつらひ、人の袖口さへいみじき見ものなり。

前々より見物のための女車が準備されていて、一条大路の両側に所狭しと並べられ、その有り様は言語に絶するほどの騒々しさでした。しかも所々に設けられた桟敷は、その飾り付けに各自が趣向の限りを尽くしており、女房たちが御簾《みす》の下からちらりと見せている袖口も、溜息《ためいき》が付かんばかりの見物《みもの》となっていたようです。

ようするに、貴族たちは立札どころか、仮設・常設の見物所である桟敷を設けたり、桟敷が設けられない人たちは、前もって「物見車《ものみぐるま》」を出して場所取りをしているわけです。こういうあつかましい連中がいますと、庶民はとてもではありませんが、賀茂祭の御禊《みそぎ》行列を眺めることすら困難であったと思われます。

さて、葵上《あおいのうえ》の一行は遅れて出立したわけですが、その後どうしたでしょうか。続けて『源氏物語』の記述を見ましょう。

日たけ行《ゆき》て、儀式もわざとならぬさまにて出でたまへり。隙《ひま》もなう立ちわたりたるに、よそをしう引きつゞきて立ちわづらふ。よき女房車多くて、雑々《ざふざふ》の人なき隙を思ひ定めてみなさし退《の》けさする中に、

光源氏の妻・葵上が、特別の支度もせずに出かけたところ、一条大路には見物の車が隙間もなくびっしりと並んでいました。葵上の一行の車は、装《よそお》い立てて列をなして、場所を探しあぐねることとなってしまいま

図2　葵祭車争いの図

す。身分の高い女車が多くて、それでもなんとか身分の低い者がいない場所を見つけようと努力するわけです。物語は、この後、光源氏の愛人・六条御《ろくじょうみや》息所《すんどころ》の車と出会い、車争《あらそ》いを演じることになります。

どの時代でもあることですが、貴族のような身分の高い人々は、祭りにすら階級を振りかざして、桟敷席を設けたり、場所の独占を行っている様子が読み取れます。現在でも、葵祭や祇園祭の時には、招待席が設けられています。一般の見物客は、そういった特定の場所を避けて、少しでもいい場所で見物できるように努力しなければなりません。

桟敷というのは、『年中行事《ねんじゅうぎょうじ》絵巻《えまき》』に描かれているように、祭礼や芸能などの見物のために特別に設けられた観覧席です。板を差し渡した簡単なものから、塀の前に大掛かりに設置した大規模のものまでさまざまです。たいていの人々は地べたに座り込んだり、屋根に登って眺めたりしていたのですが、牛車が割り込んできて場所をふさぐので、貴族たちは自分用の特等席を設けるようになったのでしょう。

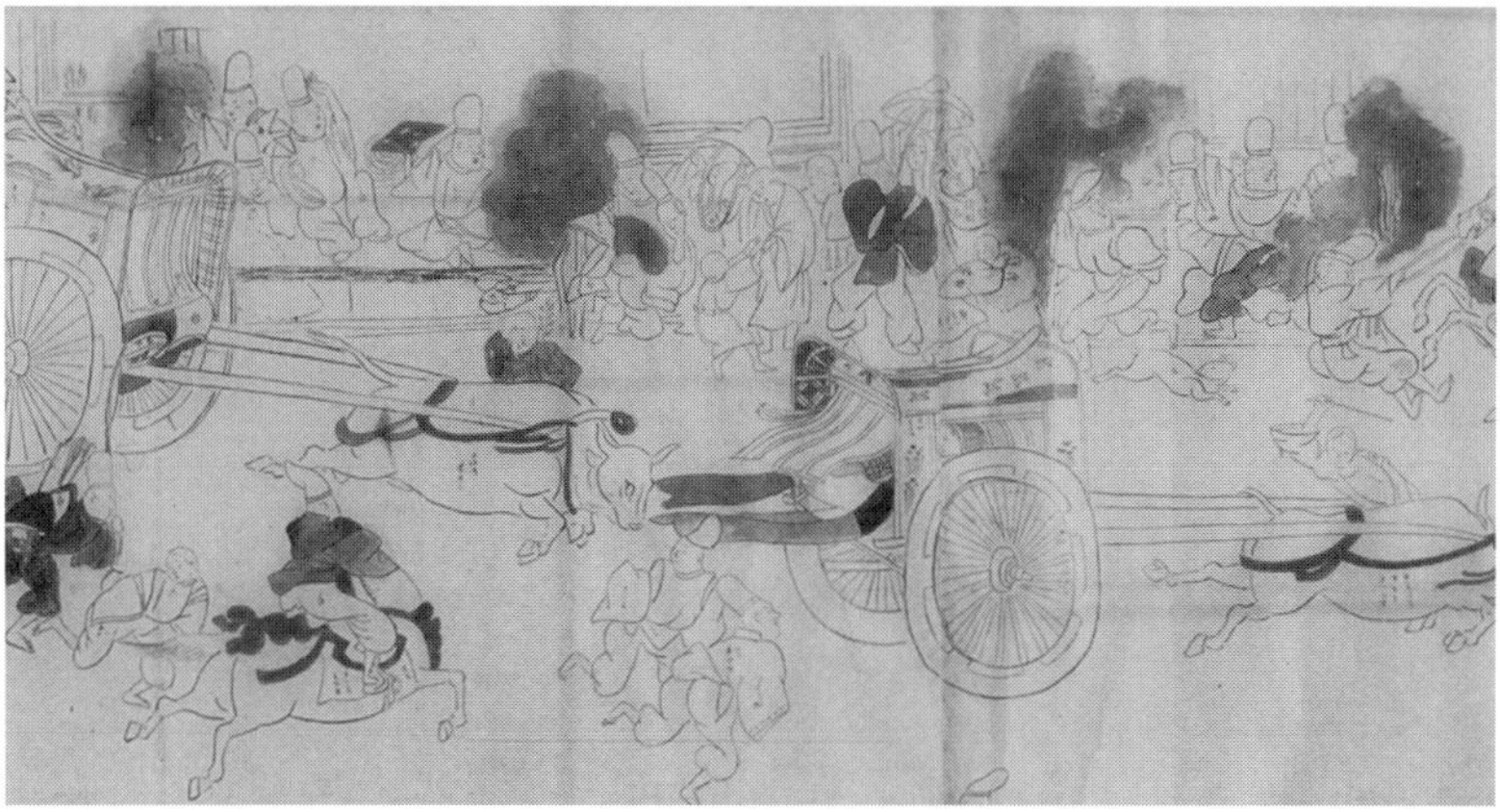

図３　桟敷の図

野田有紀子氏の研究によりますと、桟敷の大型化は、祭礼の行列を大勢で一緒に見物しようという考えとともに起った現象だそうです。そして最初は祭礼等も個人で見物していたものが、一条朝（九八六〜一〇一〇）後半から院政《いんせい》期にかけて、権力者の見物所に参集する傾向が生まれ、見物そのものに政治的意味合いが生まれてくるということです。そして桟敷は次第に華美になり、「過《か》差《さ》」と非難されるほどになります。つまり、見物者は祭礼の行列を見るだけではなく、他の見物者・行列者から見られることを意識する存在になるというのです。歌舞伎座《かぶきざ》における桟敷席のようなものでしょうか。

『枕草子』百八十段「はしたなきもの」には、次のような桟敷の様子が描かれています。

八幡《やはた》の行幸《みゆき》の還らせ給ふに、女院《にょいん》の御桟敷のあなたに、（中略）宣旨《せんじ》の御使にて、斉信《ただのぶ》の宰相《さいしやう》中将の御桟敷に参り給ひしこそ、いとをかしう見えしか。唯随身四人《よたり》いみじう装束《さうぞき》たる、馬副《むまぞひ》のほそうしたてたるばかりして、二条の大路広う清らにめでたきに、馬をうち離《はや》して急ぎ参じて、少し遠くより下りて、そばの御簾《みす》の前にさぶらひ給ひし。

これは、一条天皇が八幡の行幸から帰ってくるのを、母親である東三条女院・詮子《せんし》が桟敷を設けて出迎えた時の様子です。藤原斉信《ただのぶ》が天皇の言葉を伝える役目となり、女院の桟敷にやってきたわけです。これを見ますと、桟敷といっても女院の場合は、御簾までしつらえてあったようです。

清少納言は物見車についても意見を述べています。『枕草子』百九十段をみましょう。

> 万《よろづ》のことよりも、わびしげなる車に、装束《さうぞく》悪《わろ》くて物見る人、いともどかし。説教《せきやう》などは、いとよし。罪失《うしな》ふ方のことなれば、それだになほあながちなる様《さま》にて、見苦しかるべきを、まして祭などは、見でありぬべし。下簾《したすだれ》もなくて、白き単《ひとへ》うち垂《た》れなどしてあめりかし。唯その日の料《れう》にと思ひて、車も下簾も仕《し》立《た》てて、いと口惜しうはあらじと、出《いで》立《た》ちたるに、勝《まさ》る車など見付けては、何しになど覚ゆるものを、ましていか許《ばか》りなる心持にて、さて見るらむ。

清少納言にしてみれば、他のどんなことよりも歯がゆく思われることは、みすぼらしい車に、飾りも粗末なのに平気で見物する人だったようです。しいていえば、説教を聞きに行く場合は、罪滅ぼしのために行くわけだから、そのような車で行くのも許せましょう。しかし、それだって、やはりあまりに粗末なのは見苦しいといわざるを得ません。まして祭りとなれば、そんな車しかないなら見ない方がましというものです。ひどいのになると下簾もなく、白い単布を垂らしただけというのもあるのです。普通は、祭りの日にはと意気込んで、車も下簾も整えて、これで他の人にもひけを取るまいと思って出かけても、自分の車よりずっと立派なのを見付けては、なんのために車を仕立てたのでしょうとがっかりするものです。それが、まして粗末な車で出かけては、いったいどのような気持ちで見物していらっしゃることやら。

このように清少納言は皮肉たっぷりに述べ立てています。まさに見物客が自らを見られる対象として意識している証拠です。ハレの日には、行事の参加者だけでなく、見物客にもハレの意識が伝染するのでしょう。

現代の私たちも、イベントに出かけるのに着てゆく服がないといって、直前にあわてることがよくあります。イベントにはおしゃれして出かけてゆきたいのです。それと同じような心境なのでしょう。

先の翁が立てた立札を陽成院の立てたものと勘違いしたのは、立札の立てられた場所が、庶民の見るような場所ではなかったことを意味します。かといって、それがあまりにもいい場所でありすぎますと、庶人の話題にはなりにくかったでしょう。翁が立札を立てた場所は、おそらく貴族と庶民が立ち並ぶ境界領域であったと想像されます。しいていえば、貴族領域の中の、庶民領域に近い場所ということになりましょうか。

一条大路の境界性

翁の身分が八条の刀禰《とね》に設定されているのも、そのへんを考慮してのことでしょう。刀禰というのは、時代や地域によって役割が異なり、一言で説明することは難しいのですが、平安京の刀禰は、主として左右の京職《きょうしき》によって補任された在地性の強い下級官人と考えてよいと思います。陽成院が上皇《じょうこう》として生存した元《がん》慶《ぎょう》八年（八八四）から天暦《てんりやく》三年（九四九）を含む十世紀までは、「七条令解《しちじょうのうながしのげ》」という史料によりますと、刀禰の多くは正《しょう》六位の位階をもつ広義の官人でしたが、『今昔物語集』が書かれた十一世紀以降になると、官位をもたないまま刀禰職に補任される者も出てきます。刀禰の主な役割は、保内《ほない》の家地等の売買の保証人を果たしたり、保内の非違《ひい》の検察といった警察的な業務でした。

つまり、翁は庶民といっても、在地の長老的存在であり、広義の官人であった可能性もあるのです。まさに立札を立てた場所と同じように、貴族と庶民の境界に位置する階級に属した存在であったといえましょう。

賀茂祭は、現在は葵《あおい》祭りとして五月の十五日に挙行されています。朝十時半に京都御所を出発した行列が、堺町《さかいまち》御門から丸太町通《まるたまちどおり》に出て、そこから左折して東に向かい、河原町通《かわらまちどおり》で再び左折して北に進み、下鴨《しもがも》神社をめざします。午前中の行進はこれでおしまいです。

下鴨神社で斎王代《さいおうだい》をはじめとする行列の人々の休憩があり、その間に、下鴨神社の神楽殿《かぐらでん》で東遊《あずまあそび》などの舞いが奉納されます。これがいわゆる社頭《しゃとう》の儀です。

午後は二時過ぎに、下鴨本通《しもがもほんどおり》を北大路通《きたおおじどおり》まで北行し、北大路通を左折しそのまま西行。鴨川にぶつかった所で、賀茂街道に沿って上賀茂《かみがも》神社まで行列は進みます。

平安時代の賀茂祭の行列の道筋はどうであったかは明確にはわかりませんが、九世紀後半成立の『儀式《ぎしき》』の記述と朧谷壽氏の研究を参考にしますと、御禊の斎院と同じように御所の待賢門《たいけんもん》を出た行列は中御門《なかみかど》大路を東行し、東洞院大路を北行して一条大路で祓所《はらいしょ》を出立した斎院一行を待ち、合流した後は一条大路を西行

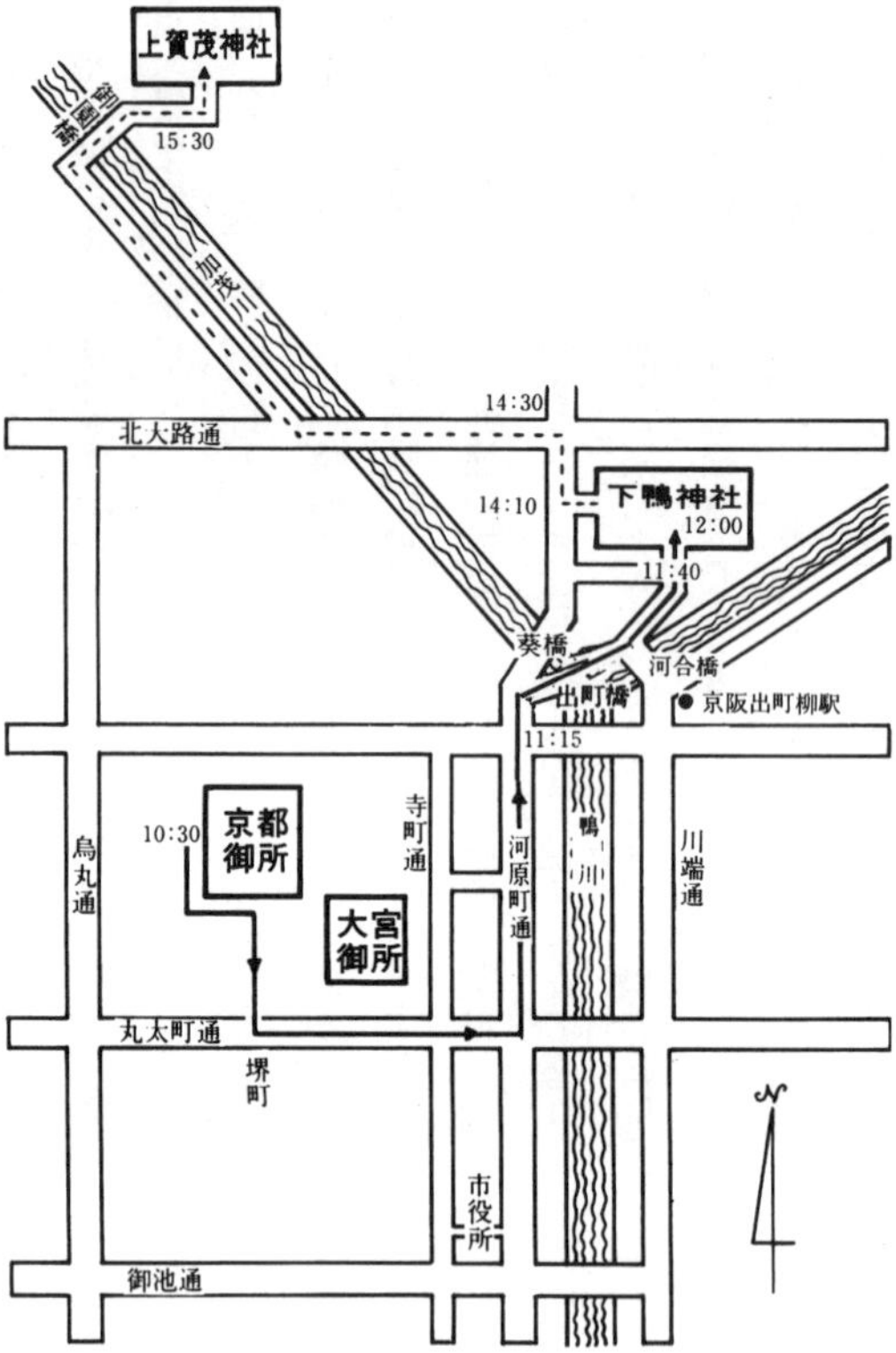

図4　葵祭巡行図

図5　寛仁元年９月21日条にみる斎王御禊巡行道順

して大宮《おおみや》大路で右折北行して下鴨神社を目指したと思われます（図5）。

翁が高札を立てた場所は、一条東洞院とあります。まさに賀茂祭の行列と斎院一行が合流する最も祭列のにぎやかになる場所でした。葵上が見物したのも一条大路でした。また藤原道長や小野宮実資《おののみやさねすけ》を初めとする貴族たちが設営した桟敷も、やはり一条大路に面して設けられています。

『今昔物語集』巻二十八第六話「歌読元輔《うたよみもとすけ》賀茂祭《かものまつりに》渡一条大路語《いちでうおほぢをわたること》」という話には、一条大路で清原元輔《きよはらのもとすけ》が落馬した話が載せられています。

> 今昔、清原《きよはら》の元輔《もとすけ》と云ふ歌読《うたよみ》有けり。其れが内蔵《くら》の助《すけ》に成《なり》て、賀茂の祭の使《つかひ》しけるに、一条の大路渡る程に、□の若き殿上人《てんじやうびと》の車数《あまた》並立《なみたて》て物見ける前を渡る間《あひだ》に、元輔が乗《のり》たる疲馬《つかれむま》大躓《おほつまづき》して、元輔頭《かしら》を逆様にして落《おち》ぬ。

清少納言の父である清原元輔が、賀茂祭の使いとして騎馬で一条大路を通過する時に、落馬してしまったのです。これは、一条大路がでこぼこして騎馬では不安定な悪路であったことを示す逸話ですが、同時に一条大路が一番見物人も多く、恥ずかしい思いをしたことも示しています。この後、元輔は装束も直さずに、若手公卿たちに訓戒《くんかい》を垂れるのですが、「大路の者、市《いち》を成して見喤《みののし》り、走り騒ぐ。車、狭敷《さじき》の者共、皆延《のび》上《あがり》て咲《わら》ひ喤《ののし》る」ということになります。

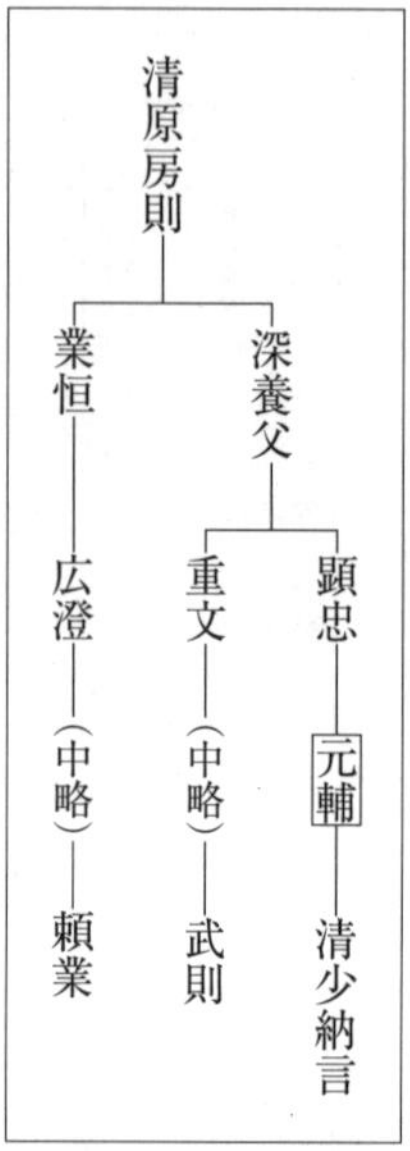

図6　清原氏略系図

京内の一条大路が悪路であったということは、それより以北はさらに悪路・険路となることを予想させます。つまり、そこから先の下鴨神社・上賀茂神社に通じる道は、京外の道であり、整地されていない道であった可能性があります。

そして、多くの賀茂祭見物の記事が、この一条大路での話で終わっていることも、都人《みやこびと》にとっての賀茂祭の意味を考えさせるよき材料といえましょう。

賀茂祭は、本来、上下の賀茂社で五穀の豊穣を祈願する祭礼でした。それが平安京遷都によって国家祭祀《さいし》となるわけです。賀茂祭の奉幣使《ほうべいし》たち一行はもちろん両社まで出向きますが、都の見物人たちの出向くのはせいぜい一条大路まであったということです。そこから先は、従前通りのカモ氏の祭礼でした。ようするに見物人にとって、賀茂祭は美麗な行装の祭列を見ることが楽しみなのであって、土俗的な神事そのものには興味がなかったのでしょう。

その意味では、八条の刀禰である翁も一条大路での見物しかしていないところをみますと、祭りの主催者側であるカモ氏ではありません。平安京内の一般の都市民であったとみなすことができましょう。繰り返しになりますが、賀茂祭は、一条大路を境界線として、そこまでの見物で済ますのが都市民たちの見物としての立場であり、それより以北は在地豪族の神事としての性格をもったということができるでしょう。

そして、民衆の仲間もそして普段は雲の上にいる貴族たちをも、しゃあしゃあと出し抜く翁のような存在の増加が、都市としての平安京の熟成を象徴するともいえるのではないでしょうか。

第二節　稲荷詣の男と女

賀茂祭は比較的洛中の祭礼として認識される存在でしたが、伏見稲荷《ふしみいなり》社は洛南にあり、京より離れた地域といえます。平安京ができる前は、いろいろな豪族が山背《やましろ》の地に居住していましたが、その二大勢力といいますとカモ氏と秦《はた》氏です。カモ氏の祭礼は前節でみたとおりですが、秦氏に関しては、勢力が三分していました。まずは嵯峨野《さがの》（太秦）の秦氏、ついで松尾《まつのお》の秦氏、そして伏見の秦氏と大きく三つにわけられます。ここでは、伏見稲荷社の初午詣《はつうまもうで》をとりあげたいと思います。『今昔物語集』巻二十八第一話「近衛舎人共稲荷詣重方値女語《このゑのとねりどもいなりにまうでしげかたをむなにあふこと》」に、稲荷詣《いなりもうで》で出会った男女の話が載っています。

二月初午の稲荷詣

今昔、衣曝《きさらぎ》の始午《はつむま》の日は、昔より京中に上中下《かみなかしも》の人、稲荷詣《いなりまうで》とて参り集《つど》ふ日也。其《そ》れに、例よりは人多く詣《まうで》ける年有けり。其の日、近衛官《このゑのつかさ》の舎人《とねり》共参《まゐ》けり。尾張《をはり》の兼時《かねとき》・下野《しもつけ》の公助《きむすけ》・茨田《まむた》の重方《しげかた》・秦《はた》の武員《たけかず》・茨田の為国《ためくに》・軽部《かるべ》の公友《きむとも》など云ふ止事無《やむごとな》き舎人共、餌袋《あぶくろ》、破子《わりご》、酒など持《もた》せ、烈《つらなり》て参けるに、中の御社《おほむやしろ》近く成る程に、参る人返る人様々行き違けるに、艶《えもいは》ず装《しやう》ぞきたる女会《をむなあひ》たり。濃き打《うち》たる上着《うはぎ》に、紅梅萌黄《もえぎ》など重ね着て、生《なま》めかしく歩《あゆ》びたり。

稲荷詣は二月の初午の日と決まっていました。この日には、昔から京中の人々が上も下もこぞって稲荷詣に出かけたのです。ある年、例年より人の出が多い年がありました。その日に、近衛《このえ》の舎人《とねり》たちが仲間をう

図７　伏見稲荷大社

ち揃えて稲荷詣に出かけたのです。そのメンバーはといいますと、尾張兼時《おわりのかねとき》・下野公助《しもつけのきんすけ》・茨田重方《まんだのしげかた》・秦武員《はたのたけかず》・茨田為国《ためくに》・軽部公友《かるべのきんとも》といった面々でした。近衛府《このえふ》というのは、天皇や親王の警護をする役所で、そこの下級官人が舎人です。

彼らは最初から行楽気分で、餌袋《えふご》・破子《わりご》・酒などを下人に持たせて参詣しています。稲荷社には地上から近い順番で下《しも》社・中《なか》社・上《かみ》社と、三つの社がありましたが、その中社近くに到達した時に、これから参詣する人、すでに参詣して帰る人、さまざまに多くの人が行きかう中で、すばらしくきれいに着飾った女性が目に付きました。濃い紫の上着に、紅梅・萌黄《もえぎ》などの色の着物を重ねて着ており、なんとも艶《なまめ》かしい雰囲気で歩いています。

当然、舎人たちは、黙っていません。早速、声をかけます。しかし、女性がたった一人で稲荷詣にやってくるものでしょうか。そんな疑問も湧いてきます。話ができすぎてはいないか。これは説話の創作であろう、などと思われるかもしれません。ところが、実際には一人で詣でる女性は何人もいたようなのです。

『枕草子』にみえる稲荷詣

『枕草子』第百三十八段「羨《うらや》ましきもの」に、次のような記述があります。

稲荷に思ひ起《おこ》して参りたるに、中の御社の程、わりなく苦しきを念じて上《のぼ》る程に、いささか苦しげもなく、遅れて来《く》と見えたる者どもの、唯行くに先立ちて詣づる、いと羨し。二《きさ》月《らぎ》午の日の暁《あかつき》に急ぎしかど、坂の半《なから》ばかり歩みしかば、巳《み》の時許《ばか》りに成りけり。漸《やうや》う暑くさへなりて、まことにわびしう、かからぬ人も世にもあらむものを、何しに詣でつらむとまで、涙落ちて休むに、三《み》十《そぢ》余り許りなる女の、壺装束《つぼさうぞく》などにはあらで、唯ひきはこへたるが、「まろは七度《ななたび》詣でし侍るぞ。三度は詣でぬ。四度はことにもあらず。未《ひつじ》には下向しぬべし」と道に逢いひたる人にうち言ひて、下《くだ》り行きしこそ、ただなる所までは、目も止まるまじきことの、かれが身に唯今ならばやと覚えしか。

清少納言も、なにを思ったのか一人で稲荷詣にでかけたようです。ところが稲荷社の中《なか》の社《やしろ》に来たあたりで、もう苦しくてしかたがありません。それでも苦しいのを我慢して、頑張って登ろうとするのですが、後から来た人が、少しも苦しそうな様子も見せず、すいすい追い越してゆくのを見ると、清少納言は羨ましくてしようがありません。

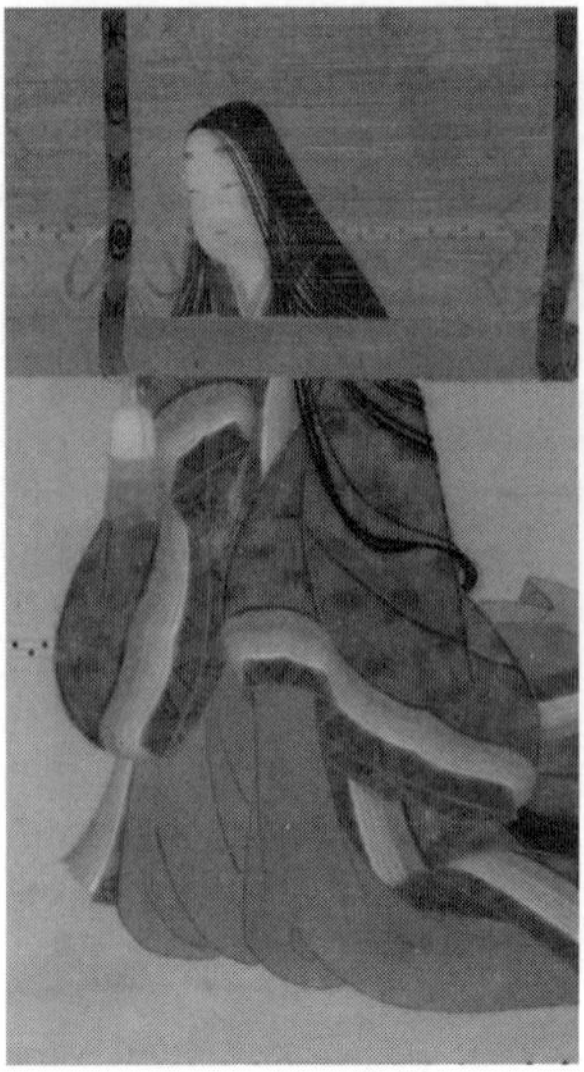

図8　清少納言

清少納言自身は、二月初午の早暁に、家を出発したのですが、足弱《あしよわ》の女性のため、坂の途中に至る頃には、早くも巳《み》の刻（午前十時前後）になってしまいました。日も高くなり、しだいに暑くもなってきました。情けなくなってきて、このような辛《つら》い稲荷詣などしない人もいるのに、いったいなにが楽しくてみずからこんな苦労をしているのかと涙が出てくるほどです。そんな思いで休んでいると、三十歳くらいの女性が通りかかりました。

その女性はなんと、「私は七回は参詣するつもりです。すでに三回は参りました。あと四回くらいなんでもありません。未の刻（午後二時前後）には帰ることができるでしょう」と、傍らの人に語って下ってゆくではありませんか。清少納言は、彼女の境遇が羨ましくて、たった今、今の彼女の身に代われたらどれほど嬉しいことか、と嘆息をつくのです。

清少納言というと才女のイメージが強く、このような苦しい事柄とは無縁で、「あんな辛いことを自らするなんて、その人たちの気が知れませんわ」ぐらいのことをいう女性かと思っていましたが、あにはからんや、彼女もなにか願掛けのために、苦行を覚悟で稲荷詣に出かけています。

七度参りを行うと宣言している女性を見ましても、平安時代に稲荷詣がいかに盛んであったかがよく理解できます。彼女の体力は、清少納言より優れていたということもあってのことでしょうが、それと同時に彼女の稲荷神にかける想いが、清少納言よりはるかに強かったようでもあります。いったい彼女たちは稲荷神社にどのような願掛けを行っていたのでしょうか。それは後の楽しみとしますが、女性の切なる願いとはなにかを考えれば、自然と答えは導き出せるのではないでしょうか。

茨田重方

いずれにしましても、女性が願掛けのために、一人で苦行を押して稲荷詣に出かけてくる。これは、どうやら一般的な現象だったようです。近衛舎人の連中も、それを知っていたからこそ、出向いてきたのではないでしょうか。さて、本文の続きです。

此の舎人共の来れば、女走去《はしりのき》て木の本《もと》に立《たち》隠れて立たるを、此の舎人共不安《やすから》ず可咲《おかし》き事共云懸《いひかけ》て、或は低《うつふ》して女の顔を見《みむ》として過ぎ持《もて》行くに、重方は本より□々しき心有《あり》ける者なれば、妻《め》も常に云妬《いひねた》みけるを、不然《しから》ぬ由を云ひ戦《あらそひ》てぞ過《すぐし》ける者なれば、重方、中《なか》に勝《すぐ》れて立留《たちとどま》りて、此の女に目を付て行く程に、近く寄《より》て細《こまやか》に語《かたらふ》を、女の答ふる様《やう》、「人持給《もちたま》へらむ人の行摺《ゆきずり》の打付《うちつけ》心に宣《のたま》はむ事、聞かむこそ可咲《をかし》けれ」と云ふ音《こゑ》、極《きはめ》て愛敬付《づき》たり。

女性に声をかけ、からかいそうな舎人の一団がやってくるのを見た女性は、走り去って木陰《こかげ》に隠れていました。案《あん》の定《じょう》、舎人たちは通りすがりに、軽口《かるくち》をたたき、ふしだらなことを言いかけてきました。中にはしゃがみこんで、女性の顔を覗《のぞ》き込もうとする者もいました。その舎人の一人である茨田重方《まんだのしげかた》は、もともと好き者で、妻からも常に嫉妬され、「浮気などしていないよ」と言い争うことが日常茶飯事のような男性でしたから、この妖艶な女性から離れようとはしません。

身体が接するばかりに、すぐ傍《かたわ》らを歩きながら、こまごまと掻《か》き口説《くど》きます。とうとう女性の方は、「奥さんをお持ちの方が、行きずりの出来心でおっしゃることに、本気で耳を傾ける人がいるかしら?」とやりかえします。ところが、その声がまた魅力的なのでした。

女たらしの代表のように書かれている重方ですが、彼は実在の人物なのです。生没年は不詳ですが、父相《すけ》平《ひら》、重方、息子弘近《ひろちか》と三代にわたって左近衛府生《さこのえふしょう》を勤めています。重方は近衛舎人から府生《ふしょう》に昇進しているわけです。貴族からみれば府生は下級官人ですが、近衛府の中心的存在ですし、左近衛府には府生は六人しか任命されませんから、重方はそこそこの存在だったといえましょう。近衛府の序列は左記の通りです。

大将―中将―少将―将監―府生―番長―府掌―舎人

『本朝世紀《ほんちょうせいき》』正暦《しょうりゃく》四年閏《うるう》十月二十六日条に「図書少允《しょうじょう》源保方《みなもとのやすかた》・大膳少属《しょうさかん》江沼延明《えぬまののぶあき》・典薬属《てんやくのさかん》穴太豊理《あのうのとよまさ》・勘解由判官《かげゆほうがん》弓削正言《ゆげのまさとき》・左近府生《さこんふしょう》茨田重方等を復任せしことを行わる」と記されています。どうやら悪いことをして、しばらく官職を剥奪されていて、ようやく復任を許されたという感じです。『小右記《しょうゆうき》』長和《ちょうわ》三年五月十六日の記事によりますと、藤原道長の土御門《つちみかど》邸で催された競馬において、府生秦正親《はたのまさちか》を破り、

図９　御斎会結願の路上

「尤も雄なり」と賞されています。また翌十七日には藤原保《やす》昌《まさ》とともに勅禄にあずかっています。保昌は第三章で登場する怪盗袴垂《はかまだれ》を捕らえた人物です。

このように見てきますと、重方は軟弱なだけではなく、騎馬に優れたひとかどの武人であったことがわかります。しかし、『今昔物語集』にこのように書かれているのですから、女好きであったことも事実なのでしょう。

男女のやりとり

女好きの重方が、かんたんにあきらめるわけがありません。一度くらい拒絶されたからといって、引き下がるようでは女性は口説けないのです。

重方が云く、「我君《あがきみ》々々、賤《あやし》の者持《もち》て侍《はべ》れども、しや顔は猿の様《やう》にて、心は販婦《ひさきめ》にて有れば、『去《さり》なむ』と思へども、忽《たちまち》に綻《ほころび》可縫《ぬふべ》き人も無からむが悪《あし》ければ、『心付《こころづき》に見えむ人に見合はば、其《それ》に引移《ひきうつり》なむ』と深く思ふ事にて、此《か》く聞《きこ》ゆる也」と云《いへ》ば、女、「此《これ》は真実《まこと》を宣《のたま》ふか、戯言《たはぶれごと》を宣ふか」と問へば、重方、「此《こ》の御社の神も聞食《きこしめ》せ。年来《としごろ》思ふ事を。『此《か》く参る験《しる》し有て、神の給《たまひ》たる』と思へば、極《いみじ》くなむ喜《うれ》しき。然《さ》て、御前《おほむまえ》は寡《やもめ》にて御《おは》するか。亦何《いづ》くに御《おは》する人ぞ」と問へば、女、「此《ここ》にも、指《さ》せる男も不《はべ》侍《らず》して宮仕《みやづかへ》をなむせしを、人制《せい》せしかば不参《まゐらず》なりしに、其の人田舎にて失《うせ》にしかば、此《こ》の三年《みとせ》は、『相《あ》ひ憑《たの》む人もがな』と思《おもひ》て、此《こ》の御社にも参《まゐり》たる也。実《まこと》に思給《おもひたま》ふ事ならば、有所《ありどころ》を知らせ奉《たてまつ》らむ。いでや、行摺《ゆきずり》の人の宣はむ事を憑むこそ嗚呼《をこ》なれ。早く御《おは》しね。丸《まろ》も罷《まかり》なむ」と云《いひ》て、只行き過《すぐ》れば、重方手を摺《すり》て額に宛て丶、女の胸《む》な許《もと》に烏帽子《えぼうし》を差宛《さしあて》て、「御神《おほむかみ》助け給へ。此《かか》る侘しき事な聞かせ給《たまひ》そ。やがて此《これ》より参て、宿には亦足不踏入《ふみいれ》じ」と云て、低《うつふ》して念じ入たる髻《もとどり》を、烏帽子超《ご》しに此《こ》の女ひたと取て、重方が頬《つら》を山響く許《ばかり》に打つ。

引用が長くなりましたので、内容は簡略にしたいと思います。妻女のことを言われた重方は、「女房はいるにはいますが、顔は猿のようだし、性根も販婦《ひさぎめ》のようです。離縁したいと思って入るけれど、繕《つくろ》い物をしてくれる女性がいないのも不便なので一緒にいるだけです。いい人がいたらいつでも乗り換えますよ」と、現代の女性が聞いたら張り倒されるようなことを言ってのけます。いえいえ、現代の女性でなくとも、平安時代の女性でも、これだけ侮辱されると、男性でも張り倒すことは後述されている通りです。

色好みの男の心理なんてものは、この重方と大差ないのかもしれません。それにしても、このようなことを言えば、今口説《くど》いている女性からも嫌われるとは思わないのでしょうか。色好みの割には、女性心理がわかっていないというべきでしょう。

女性から、あなたの言葉は本気ですかと尋ねられたのに対して、重方は、「この神社の神様も御照覧《ごしょうらん》あれ。これこそ長年願い続けてきたことです。『このように参詣したからこそ、神様もあなたのような女性を私にお示しくださった』と思います。ああ、なんと嬉しいことでしょう」と一人悦《えつ》に入っています。ここで重要なことが重方によって語られています。

重方はうそ偽《いつわ》りであろうとも、稲荷社に理想の女性との出会いを求めて参詣してきており、その甲斐あって「神の給《たまひ》たる」女性と邂逅《かいこう》できたと述べています。つまり、稲荷参詣の目的が女性との出会いにあったということです。それは清少納言たち女性にとっても同じではないでしょうか。稲荷参詣とは理想の異性との出会いを求めての神憑《かみだの》みというのが目的だったのです。それゆえ、女性一人の参詣も理想の男性を求めてのものだということが重方にはわかっているわけですから、声もかけやすいというものです。

独身かどうか尋ねる重方に対して、女性のほうも、きまった夫はいないと答えた後、「ここ三年は、頼み甲《が》斐《い》のある男性が現れないものかと、この神社にお参りしていたのです。真実、私のことを思ってくださるのならば、住所もお教えしますわ」と返事しています。まさに男女双方の利害が一致したわけです。

ところが女性のほうがいささかしたたかでした。いったんは住所も教えると言いながら、「いいえ、このような行きずりの人の言葉を真《ま》に受けるなんて、馬鹿なことですわ。」と言って立ち去ろうとします。あと一息のところで逃げられそうになった重方は、あせって「なんと情けない。これからあなたの家に行き、もう自分の家には戻りません」と訴えます。男女の駆け引きでは、完全に女性の勝ちといえましょう。

どんでんがえし

いつの時代も、惚《ほ》れたほうが弱い立場にたつわけです。しかしこれで重方も女性の心をなんとか射止《いと》めたと思った瞬間、なんと女性に烏帽子《えぼし》の上から髻《もとどり》をむんずと摑《つか》まれ、頬げたを思いっきりひっぱたかれたのです。

其時に重方奇異《あさまし》く思《おぼ》えて、「此《こ》は何《いか》にし給ふぞ」と云て、仰《あふ》ぎて女の顔を見れば、早《はや》を、我《わ》が妻《め》の奴《やつ》の謀《たばかり》たる也《なり》けり。重方奇異く思《おぼえ》て、「和御許《わおもと》は物に狂ふか」と云へば、女、「己《おのれ》は何《い》かで此《か》く後目《うしろめ》た無き心は仕ふぞ。此の主達《ぬしたち》の、『後目た無き奴ぞ』と、来つゝ、告《つ》げれば、『我れを云ひ腹立《はらたて》むと云《いふ》なめり』と思《おもひ》てこそ不信《しんぜ》ざりつるを、実《まこと》を告《つぐ》るにこそ有けれ。己云《いひ》つる様に、今日《けふ》より我が許《もと》に来《きた》らば、此の御社の御箭目負《おほむやめおひ》なむ物ぞ。何《い》かで此《かく》は云《いふ》ぞ。しや頬打鈌《つらうちかき》て行来《ゆきき》の人に見せて咲《わら》はせむと思ふぞ。己《おのれ》よ」と云へ

図10　伏見稲荷大社の命婦願掛け絵馬

ば、重方、「物にな不狂《くるひ》そ。尤も理也《ことわり》」と咲《ゑみ》つゝ、棍《をこつり》云へども、露不許《つゆゆるさ》ず。

なんとも滑稽なことに、艶っぽくて思わず惹《ひ》きつけられたその女性は、重方が猿面だの商売根性だのと悪態《あくたい》をついた奥さんその人だったのです。「いったいどういうつもりで、そんな格好をしてここにいるんだ」とでも重方は尋ねたかったでしょう。妻の言い分は、普段からここにいる舎人仲間が、「あなたの亭主は油断もすきもない男だよ」と教えてくれていたけれど、まさかそんなことはあるいまいと信じていた。でもひょっとしてと思い、「此《か》く己《おのれ》がしや心は見顕《みあら》はす（あなたの性根を明らかにさせよう）」と考えて、ここにやってきたというのです。

その後の怒りに任せた彼女の言葉はすさまじいものです。神罰の矢を当てるだの、横面《よこつら》を張り飛ばして往来の人に見せてやるだのと、ヒステリックに喚《わめ》きます。ところが、さすがに色男の重方です。笑みを浮かべつつ、「おまえの言う通りだから、そんなに怒らないでおくれ」となだめ役に回ります。

この後の原文は省略しますが、罵《ののし》られても妻の家に重方は帰って行き、なんとか機嫌を取り結ぶことに成功します。そしてラストは「其妻《め》、重方失《うせ》ける後には、年も長《おとな》に成《なり》て、人の妻に成《なり》てぞ有ける、となむ語り伝へたるとや」と結ばれています。

重方の妻の生き方のみごとさは認めるとしまして、私はそれ以上に、彼女が再婚したのは、重方の死後であるということに注目したいと思います。ということは、彼女は重方が亡くなるまでは一緒に過ごしていたということなのです。

平安時代は、御承知のように妻問婚《つまどいこん》です。ようするに男性が女性のもとに通う婚姻形態だったわけです。もちろん法的には正妻は一人ですが、奥さんは何人もってもかまわないという、自由恋愛の社会だったわけです。それでは、誰もが光源氏《ひかるげんじ》のように、たくさんの女性と婚姻できたかというと、そんなわけではありません。仕事や経済的な関係から、人それぞれの限界があったはずです。

逆に女性のほうも、通ってくる男性を一人に限定する必要はありませんでした。しかし他の男性の存在を知ると、その男性は遠のきますから、これも当然、限界のあることです。在原業平《ありわらのなりひら》というプレイボーイがいれば、和泉式部《いずみしきぶ》や小野小町《おののこまち》というプレイガールもいたわけです。

茨田重方にしても、騎馬に巧みで女性にもてたため、つい浮気をしてしまい、それを仲間に妬《ねた》まれて奥さんに告げ口されたということではないでしょうか。そしてたまたま奥さんが気の強い女性で、みずから浮気現場を押さえてやろうと稲荷詣に出かけてゆくと、こともあろうに自分に言い寄ってきたという滑稽な仕儀にあいなった、というのがこのお話の実情ではないでしょうか。

恋愛と結婚

恋愛と結婚は、どの時代にも存在します。そして、時代々々の社会制度や通念によって、変化するものと考えられています。しかし、結婚はさておき、恋愛は個人的感情のなせるものです。多少の社会倫理《りんり》による影響はあっても、根本的な人間の感情は、時代による差はないのではないかというのが、私の考えです。「好き」という感情のことです。人間で考えますと複雑ですが、たとえば「花が好き」という感情は、時代によって違うものでしょうか。どの花が好きかは個人差がありますが、人間が花を好み、近くに植えようとする感情は、単純であり、時代的差異を生み出さないように思います。

服藤早苗氏は、この『今昔物語集』の話をもとにして十世紀までは「下級貴族あるいは上層庶民階層では、女性でも我慢せず、堂々と自己主張できた」時代であり、それが「男女が対等に近い形で、異性を得ていたが、しだいに、男性優位の出会いへと変化」していったと述べられています。しかし、本当にそうでしょうか。服藤さんの考えは、恋愛と結婚を同一線上に考えているように思われます。恋愛は感情の産物ですが、婚姻は単純ではなく、経済的な問題も絡《から》まってきます。それゆえ当人同士の感情だけでは解決できないのです。

また、政略結婚というと必ず女性が犠牲者のように考えられますが、好きでもない相手と結婚するという点においては、配偶者《はいぐうしゃ》となる男性も同じ立場にいます。奴隷の場合についてもそうです。女性奴隷だけが性の奉仕を強いられるように思われがちですが、男性奴隷も同じように性の奉仕を強要されることもあったはずです。これは世界的な現象といえましょう。

政治の世界は圧倒的に男性中心でしたから、その世界での男女差を論じることはかんたんです。しかし、問題が生活レベルとなりますと、個別差が生じますから、一般論はなかなか述べることはできないのではないでしょうか。そうでないと、封建時代には気の強い女性や気のやさしい男性は皆無《かいむ》になり、どの家でも男性が悩みもなく威張《いば》っていて、女性が賢《かしこ》く耐えているというワンパターンの情景しか見られなくなります。現実がそうではないことは、多くの説話や記録が証明してくれています。

第二章　不思議な力の商人たち

門前の露店

第一節　蜂使いの水銀商

裕福な水銀商の謎

世の中には、成功する人とそうでない人がいます。ことに商業や事業では、その結果は顕著に現れます。江戸時代の身分制度が確立した時代には、身分制の頂点に立つ武士階級は、生産とは無関係な社会で生活し、税の運用だけを業務としていました。そのため、藩《はん》という会社に寄生するだけの存在となってしまったのです。農民たちは、新田《しんでん》開発が可能な地域は別として、土地に縛《しば》られ、自然環境に左右される生産構造から抜け出ることは技術的に困難でしたから、飛躍的な躍進《やくしん》は望み薄《うす》でした。商工業だけが、才覚と技術をもとに経済的躍進を展開することが可能であり、事実、元禄《げんろく》時代には商人の全盛時代を現出させています。

需要・供給・価格の関係をうまく利用すれば、商人たちは生産に関与しなくても利益をあげることができました。しかし、それも無条件ではありませんでした。江戸・大坂・京都の三都《さんと》を初めとする大消費地が存在してはじめて成り立つ関係だったのです。つまり、都市がもつ大量の消費人口と需要、これがあって初めて商品が円滑に循環し、その循環の中で、需要・供給・価格の三者がうまく機能して利益を生み出したのです。

その意味で、平安時代にそのような条件を満たす都市は、それほど多くはなかったと思われます。むしろ需要・供給・価格が円滑に機能する空間は、平安京を除けばほとんど存在しなかったともいえそうです。しかし、それでも利益が生じるところには商人が発生し、小規模でありながらも商業は推進されていたと考えられます。ここでは、そのような商人の一例を覗《のぞ》き見ることにしましょう。

『今昔物語集』巻二十九第三十六話「於鈴香山蜂螫盗人語《すずかのやまにしてはちぬすびとをさしころすこと》」に、不思議な商人の話が載せられています。

今昔、京に水銀商《みづかねあきなひ》する者有けり。年来《としごろ》、役《やく》と商ければ、大きに富《とび》て財《たから》多くして家豊《ゆた》か也《なり》けり。伊勢の国に年来通《かよ》ひ行《ありき》けるに、馬百余疋に諸《もろもろ》の絹・布・糸・綿・米などを負《おは》せて、常に下《くだ》り上《のぼ》り行《ゆき》けるに、只小《ちひさ》き小童部《こわらはべ》を以《もつ》て馬を追《おは》せてなむ有ける。此様《かやう》にしける程に、漸《やうや》く年老《おい》にけり。其れに此《か》く行《ありき》けるに、盗人《ぬすびと》に紙一枚被取《とらる》る事無かりけり。然《しか》れば弥《いよい》よ富《と》び増《まさ》りて、財失《う》する事無し。亦火に焼《や》け、水に溺《おほほ》る事無かりけり。

就中《なかんづく》に、伊勢の国は、極《いみじ》き父母《ぶも》が物をも奪《ばひ》取り、親《したし》き疎《うと》きをも不云《いは》ず、貴《たふと》き賤《いやし》きも不簡《えらば》ず、互《たがひ》に隙《ひま》を量《はかり》て魂《たましひ》を暗《くら》まして、弱き者の持たる物をば不憚《はばから》ず奪取《ばひとり》て、己が貯《たくはへ》と為《す》る所也。其れに、此の水銀商が此《か》く昼夜に行《あり》くを、何なる事にか、此れが物をのみなむ不取《とら》ざりける。

京の水銀商の話です。この人物は、長年、商売に従事したので、大いに富み、財産も増え、家も豊かになった人物です。

彼の取引先は伊勢国《いせのくに》にあり、常に伊勢と京を往来して、馬百余頭に絹・布・糸・綿・米等の商品を荷《にな》わせて、水銀と交換していました。ところが、その商隊の見張り役には年少の童《わらべ》が一人ついているだけでしたが、彼が年老いるまで、一度として、紙切れ一枚すら盗まれるということがありませんでした。そのおかげで、彼の家はますます栄え、財産を失うこともありません。そのうえ、火災にあうことも、水害にあうこともなかったといいます。

また伊勢国は、子が父母の物をも奪い取り、親しい人、疎遠《そえん》な人の区別なく、また貴賤《きせん》の区別もなく、互

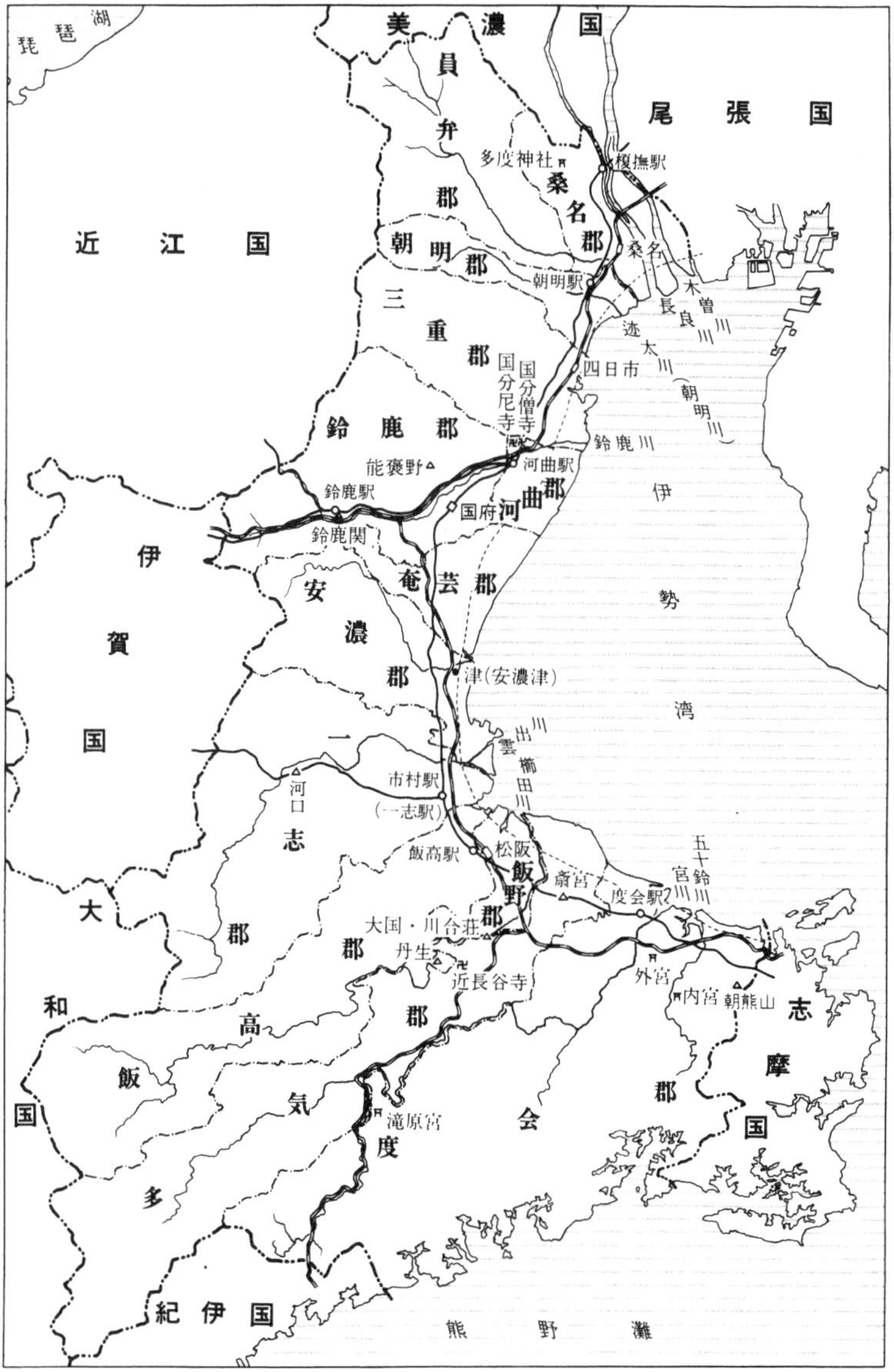
琵琶湖
美濃国
尾張国
員弁郡
多度神社
榎撫駅
桑名郡
桑名
近江国
朝明郡
朝明駅
三重郡
木曽川
長良川
迹太川
四日市
朝明川
国分尼寺
国分僧寺
鈴鹿郡
鈴鹿川
能褒野
河曲駅
河曲郡
鈴鹿駅
国府
鈴鹿関
伊勢湾
伊賀国
安濃郡
奄芸郡
津(安濃津)
雲出川
櫛田川
一志郡
河口
市村駅
(一志駅)
飯高駅
松阪
飯野郡
斎宮
度会駅
五十鈴川
宮川
大和国
大国・川合荘
丹生
近長谷寺
外宮
内宮
朝熊山
志摩国
飯高郡
度会郡
滝原宮
多気郡
紀伊国
熊野灘

図1　伊勢国略図

いに相手の隙《すき》を狙い、相手の気持ちを幻惑し、弱者の持ち物を奪い取ることすら憚《はばか》らないで、自分の物とするとんでもない国でした、とあります。今の三重県の方々が聞いたら、頭から湯気《ゆげ》を出して怒りそうなことを平気で書いています。とても真実とは思えませんが、『今昔物語集』の編者には、そのようなイメージといいますか、偏見があったのでしょう。

そのような伊勢国に商売に行っているにもかかわらず、この水銀商だけが、昼夜関係なく往来しても、どうしたことか物を奪われることがなかったのです。これは編者を含めて、当時、伊勢国に対して偏見をもっていた人たちにとっては、大きな謎だったことでしょう。

伊勢国と水銀

伊勢国は、ここでは所有欲に固まったひどい人々の住む国として描かれていますが、それはなぜでしょうか。いつの頃からか「近江泥棒伊勢乞食《おうみどろぼういせこじき》」という言葉が生まれました。その理由は、近江国と伊勢国の出身者に大商人が多かったためです。近江商人・伊勢商人と並び称せられています。江戸時代には「江戸に多きもの伊勢屋・稲荷に犬の糞」といわれるほど、江戸には伊勢出身の商人が多く進出し、かの有名な三井《みつい》家も伊勢の出身でした。

しかし、これらは近世の話で、古代の伊勢国とは直接関係ないはずです。むしろ伊勢国は伊勢神宮の鎮座する神の国としてのイメージが都の人々にあったのではないでしょうか。国衙《こくが》は、現在の鈴鹿市《すずかし》国府町に置かれ、平安京へは上り二日、下り一日の距離にありました。

『延喜式』民部下63交易雑物《きょうやくぞうもつ》条に、

伊勢国 白絹十二疋、絹三百疋、水銀四百斤、樽《たる》二合、鹿角菜《つのまた》二石、青苔《あおのり》五十斤、海松《みる》五十斤、凝菜《こるもは》卅斤、於胡菜《おごのり》卅斤、鳥坂苔《とさかのり》五斤、海藻根《めかぶ》十斤、那乃利曾《なのりそ》五十斤

とあります。交易雑物というのは、諸国が正税（稲）で以て購入し、それを中央に進上した税物のことです。毎年一定品目を一定量進上する（年料交易進上物《ねんりょうきょうやくしんじょうもつ》）場合と、臨時に進上する（臨時《りんじ》交易進上物）場合があり

ますが、ここでは前者を意味します。この中に「水銀四百斤」が見出せます。海産物が主体である中で、水銀は特別な感じがします。

さらに同主計上14伊勢国条には、

伊勢国行程、上りは四日、下りは二日
調は、両面十疋、一窠綾《いつかのあや》・二窠綾各十六疋、三窠綾六疋、薔薇綾《しょうびのあや》四疋、帛《はく》二百疋、白絹百疋、白絲八百八十絇《く》夏の調、赤引絲百十絇、神服絲《かむふくのいと》一百絇、御調絲廿絇、自余は絹・塩を輸《いた》せ。
庸は、韓櫃《からひつ》廿三合漆を塗り鏁を著けしもの、八合、白木のもの十五合、自余は米・塩を輸せ。
中男作物は、紙、木綿《ゆう》、麻、紅花、茜、胡麻油、櫁椒《いたちはじかみ》油、雑魚腊《ざこのきたい》、煮塩年魚《にしおあゆ》、雑魚鮨《ざこのすし》、滑海藻《あらめ》。

とあります。調《ちょう》はやはり各種の綾《あや》と糸が主体で、庸《よう》は少しかわって韓櫃《からびつ》です。中男作物《ちゅうなんさくもつ》とは、養老《ようろう》元年（七一七）から登場した税物で、十七〜二十歳の男子（中男）に課された雑徭《ぞうよう》によって調達する郷土の産物のことです。この欄を見れば、その土地で取れる特産物がだいたいわかります。「行程、上りは四日、下りは二日」とあるのは、税物を運搬するときの日数です。手ぶらだと、約その半分の行程と考えてよいでしょう。

こういった史料からは、伊勢国が利に敏いイメージは特別わいてきません。

水銀は白粉《おしろい》の原料とされ、多くの人口を抱える平安京では、その消費も多く、儲《もう》かった商売だったのでしょう。また、水銀の生産地として伊勢が有名だったことは、奈良時代から窺《うかが》えます。『続日本紀』和銅六年（七一三）五月癸酉条にも「伊勢は水銀」と記され、伊勢の特産物が水銀であったことがわかります。延喜・主計式《しゅけいしき》以外にも、同内蔵《くら》式《りょう》54諸国年料条に、「水銀小四百斤伊勢国進れる」とあり、同典薬式49伊勢国年料雑薬条に伊勢国五十種のなかに「水銀十八斤」と記されています。平安期に入っても、伊勢国の水銀の需要は落ちていないといえましょう。

また『今昔物語集』巻十七第一三話「伊勢国人依地蔵助存命語《いせのくにのひとぢぞうのたすけによりていのちをそんすること》」には、伊勢国飯高郡《いいたか》に住む下人《げにん》が、水銀を掘っている際に、仲間ともども生き埋めになりますが、日頃から地蔵菩薩に対する信仰を欠かなかったので、彼だけが助かるという話が載せられています。

> 今昔、伊勢の国、飯高《いひたか》の郡《こほり》に住《すみ》ける下人有《あり》けり。毎月《つきごと》の二十四日に、精進にして戒《かい》を受《うけ》て、地蔵菩薩を念じ奉《たてまつり》けり。此れ年来《としごろ》の勤《つとめ》也。
>
> 而《しか》るに、彼《か》の飯高の郡には水金《みずかね》を堀《ほり》て公《おほやけ》に奉る事なむ有ける。彼の男、郡司《ぐんじ》の催《もよほし》に依《より》て、水銀を堀る夫《ぶ》に被差宛《さしあてられ》て、同郷の者三人と烈《つらなり》て、水銀を堀る所に行《ゆき》ぬ。穴を堀て、其《そ》れに入《いり》て水銀を求る間《あひだ》に、十余丈の穴に入ぬ。而《しか》る間、俄《にわか》に穴の口の土頽《くづれ》て口塞《くちふさがり》ぬ。

ここでは、伊勢国で水銀を産出する場所が飯高郡内と明記されています。そして水銀を掘り出す仕事が、「公に奉る事」とされています。この話では国司ではなく郡司によって労働力が徴発されていますが、あるいは国司の命を受けて、「郡司の催」が発生したのかもしれません。すると中男作物による水銀進上のための労働ということになり、話はまとまります。

それはともかく、このような説話が成立する背景には、落盤事故の多発が考えられます。江戸時代でも鉱山の事故はしばしば起きましたし、近代に入ってからも事故は多発しました。いわんや平安時代のことですから、一度事故が起きると、まさに地蔵菩薩の加護《かご》でもない限り、助かることは不可能だったのでしょう。

謎の水銀商人

伊勢国との交易の話は『日本書紀』にも掲載されています。欽明《きんめい》即位前紀に、欽明と秦大津父《はたのおおつち》との出会いの場面で、欽明が、大津父を登用すれば天下に役立つという夢を見たことを告げ、大津父に「お前にも何か思い当たることはないか」と尋ねます。すると、大津父は、伊勢国で商いをして帰る途中、山中で二匹の狼が争う場面に出くわして、両者を諫めたという話をし、欽明・大津父の二人は

図2　旅先の商人

奇縁を感じ、互いに意気投合したことが記されています。横田健一氏は、この大津父の商売を、伊勢との関係から水銀交易ではないかと推測しています。

そうしますと、事実確認は難しいものの、飛鳥《あすか》時代以前から伊勢国と山背国《やましろのくに》を往来する商人の存在は、人々に強いイメージを与えていたと考えられます。具体的な史料はみつかりませんが、近江国は不破《ふわ》の関の手前で東山道《とうさんどう》の入り口となり、伊賀・伊勢国は鈴鹿《すずか》の関を越えて東海道の入り口となります。ことに伊勢国は海路の出発点ともなります。こうした地理的条件が、近江・伊勢の二国を、東国からの物資をもたらす国としてのイメージを膨らませ、事実、商人の往来も多かったために、商人の国というイメージを強固にしたのではないでしょうか。

それはさておき、この水銀商には謎があります。それは輸送手段です。京と伊勢をつなぐのは陸路です。しかも途中に鈴鹿山系があります。山道は落盤・地すべりなどの事故も予想され、危険な道です。そしてもっとも怖いのは山賊《さんぞく》集団の存在です。ところが、この水銀商は、百頭を越す荷馬を引き連れながら、馬の牽引《けんいん》には少年一人という危うさです。それにもかかわらず、彼の商隊は盗賊に襲われたことが一度もないといいます。これは不思議としか言いようのないことです。

ところが、その謎をとくように、物語は八十余人の盗賊集団を登場させます。

朝廷《ちようてい》も国司も逮捕できなかった集団の盗賊団が、あまりに無防備なかの水銀商の一隊をみつけて、「これはなんとも馬鹿な奴であろうか。こいつの持っている物は残らずいただこう」といって襲いかかりました。もちろん馬の手綱《たづな》を引いている少年は逃げ去り、水銀商も命からがら、小高い丘の上に逃げ登りました。

然《さ》て八十余人の者各《おのおの》思《おぼ》しきに随《したがひ》て諍《あらそ》ひ分《わか》ち取てけり。敢《あへ》て「何《いか》に」と云ふ者無ければ、心静《しづか》に思《おもひ》けるに、水銀《みづかね》商《あきなひ》高き峰に打立《うちたて》て、敢て事とも不思《おもひ》たらぬ気色にて、虚空《おほぞら》を打見上《うちみあげ》つゝ、声を高くして、「何《いづ》ら何《いづ》ら、遅し遅し」と云立《いひたて》りけるに、時半許《ときなかばばかり》有て大きさ三寸許《ばかり》なる蜂の怖《おそろ》し気なる、空より出来《いでき》て「ぶゝ」と云《いひ》て、傍《かたはら》なる高き木の枝に居《ゐ》ぬ。水銀商此《こ》れを見て弥よ念じ入《いり》て、「遅し遅し」と云ふ程に、虚空に赤き雲二丈許《ばかり》にて長さ遥《はるか》にて俄《にはか》に見ゆ。

道行く人も、「何《いか》なる雲にか有らむ」と見けるに、此の盗人共は取《とり》たる物共拈《したため》ける程に、此の雲漸《やうや》く下《くだり》て其の盗人の有る谷に入《いり》ぬ。此の木に居《ゐ》たりつる蜂も立《たち》て、其方様《そなたざま》に行《ゆき》ぬ。早《はや》う、此の雲と見つるは、多《おほく》の蜂の群《むれ》て来るが見ゆる也けり。

然《さ》て若干《そこばく》の蜂、盗人毎《ごと》に皆付《つき》て皆螫殺《さしころ》してけり。一人に一二《いちに》百の蜂の付《つき》たらむにだに、何《いか》ならむ者《もの》かは堪《た》へむと為《す》る。其れに、一人に二三《にさむ》石《ごく》の蜂の付たらむには、少々をこそ打殺しけれども、皆被螫殺《さしころされ》にけり。其の後、蜂皆飛去《とびさり》にければ、雲も晴れぬと見えけり。

盗賊たちが、のんびりと谷間で品物を山分けしている時、水銀商は高い峰の上に立って、「どうしたどうした、遅いぞ、遅いぞ」という謎の言葉を唱え始めました。そうして一時間ほどすると、大きさ九センチメートルほどもある蜂《はち》が現れて、水銀商の傍らの高い木の枝に止まりました。水銀商は、これを見て、いっそう心をこめて「遅いぞ、遅いぞ」と唱えます。すると、にわかに上空に長く連なった赤い雲が現れました。道行く人たちも、「あれは、いったいどういう雲だろう」といぶかしむほどの奇妙な赤い雲が出現したのです。ところが盗人たちは、そんな雲には気づかずに、盗品の分配に夢中でした。そこに奇妙な赤い雲群が襲いかかったのです。谷間の木々にいた蜂々も同じ方向へ飛んでいきました。なんと、雲かと見えたのは、無数の蜂の群れだったのです。

蜂たちはそれぞれの標的である盗人めがけて襲いかかりました。人間一人に一、二百の蜂が取り付いただけで、生きていられないのに、この時は、一人に二、三石の蜂が取り付いたのだから、たまったものではありません。あっという間に盗人たちは全員、刺し殺されてしまいました。そして蜂たちは盗人の殺戮《さつりく》が終わると、再びいずこかへ飛び去っていき、空も晴れわたったように青々と見えました。

蜂の警護兵

隊商の警護は童《わらべ》一人かと思われていましたが、なんと水銀商は蜂を手なずけて、警護兵としていたのでした。最初に飛び来たった三寸大の蜂こそが女王蜂なのでしょう。彼女に少し遅れて兵隊蜂たちが、文字通り雲霞《うんか》の如く現れて、盗賊どもを刺し殺してしまいました。ここに水銀商の秘策があったわけです。

然《さ》て水銀商《みずかねあきなひ》は其の谷に行《ゆき》て、盗人の年来取貯《としごろとりたくはへ》たる物共、多《おほく》の弓、胡録《やなぐひ》、馬、鞍《くら》、着物などに至《いたる》まで、皆取《とり》て京に返《かへり》にけり。然《しか》れば弥《いよい》よ富増《とびまさり》てなむ有ける。

此の水銀商は家に酒を造り置《おき》て、他《ほか》の事にも不仕《つかは》ずして、役《やく》と蜂に呑《のま》せてなむ此《こ》れを祭《まつり》ける。然れば彼れが物をば盗人も不取《とら》ざりけるを、案内も不知《しら》ざりける盗人の取て此《か》く被螫殺《さしころさる》る也けり。

その後、かの水銀商は、谷に降りていって、自分の荷物はもちろん、盗人たちが長年蓄えてあった品々も残らず京に持ち帰り、いっそうの富裕になったとあります。つまり、水銀商は、蜂を自在に操《あやつ》ることで、商旅の安全を確保していたという話なのです。そして、そのからくりとしては「この水銀商は、家に酒を造りおいて、他の事には使わないで、ただただ蜂に呑ませて、蜂を大切にしていた」と説明しています。酒で蜂を手なづけていたわけです。

蜂が酒を好むかどうかは疑問であすが、酒といっても現代の清酒ではなく、当然、どぶろくでしょうから、アルコール分より糖分が多い酒ならば、蜂もその糖分に惹《ひ》かれてどぶろくを吸うことがあったかもしれません。また、酒のイメージからして、人だけではなく、虫をも酔わせて操りやすい状況にできるのではないかという想像も、読者に抱《いだ》かせているのかも知れません。

また、蜂の集団性が、なにやら統率者の下で働く軍隊を想像させもしたのでしょう。たとえば、『扶桑略《ふそうりゃく》記《き》』天慶《てんぎょう》三年（九四〇）一月二十四日条には、平将門調伏《たいらのまさかどちょうぶく》の祈禱を東大寺羂索院執金剛神《けんじゃくいんしゅうこんごうしん》の前で行っていると、

> 数万の大蜂、堂内を遍満す。迅風《じんぷう》俄に来たり、執金剛神の髻糸《もとどりのいと》を吹き折る。数万の蜂、髻糸に相随《あひしたが》ひ、東へ向かひて、雲を穿《うが》ち飛び去る。

ということが起り、世の人々は「将門誅害《ちゅうがい》の瑞《ずい》」と語ったということです。これも、大蜂が執金剛神の命《めい》で平将門討伐に出陣しています。悪人を懲らしめる軍隊というイメージといえましょう。

『古事談《こじだん》』第三・僧行には、東大寺の造営にあたり、金鐘行者《こんしゅぎょうじゃ》（良弁《ろうべん》）と辛国《からくに》行者の験徳比べが行われますが、その時の様子が次のように記されています。

> 辛国《からくに》の方《かた》より数万の大蜂出《い》で来たりて金鐘《こんしゅ》を差《さ》さんとしたる時、金鐘の方より大き成る鉢《はち》飛び来たりて、蜂を打ち払ひたるの間、蜂皆退散しおわんぬ。

ここでも、蜂の大群がライバルを倒そうと軍隊よろしく攻めかかっています。この時は辛国の操った蜂の

図3　旅先の商人

大群は、金鐘の呼び寄せた鉢に打ち払われていますが、蜂が人間の命令を聞き、他の人を襲うという図式は同じです。

『延喜式』典薬式49伊勢国年料雑薬条に、伊勢国の進上すべき物として「蜂房一斤十二両」とあるのが面白く思われます。伊勢国以外で蜂房の進上が義務付けられているのは、摂《せっ》津国《つのくに》の蜂房七両だけです。中央の意識としては、蜂の巣が得られるのは、伊勢と摂津だけと考えていたのでしょう。しかも量としては、一斤は十六両ですから、伊勢国は摂津国の四倍の量を義務付けられています。これだけでは確《かく》たることはいえませんが、なんとなく伊勢国は蜂の多い国というふうに認識されていたようです。

つまりこの説話で伊勢国との往来で蜂が登場するのは、まったく荒唐《こうとう》無稽《むけい》というわけではないといえます。

①伊勢国には蜂が多く生息《せいそく》する。②伊勢国は東海道及び海路への入り口である。③水銀という特殊な産物を扱う商人が古くから往来していた。これらの三つの条件のもとに、この説話は成立していると考えることもできるわけです。

商業のからくり

この説話の眼目は、「蜂そら物の恩は知《しり》けり。心有らむ人は人の恩を蒙《かうぶ》りなば必ず可《むく》酬《ゆべ》き也」という言葉に示されますように、恩を受けたならば、受けたままに放っておかないで、必ずその恩に報いなければならない、という教訓にあります。これは因果応報《いんがおうほう》にも通じます。そのことは、先の教訓に続いて、「大きならむ蜂の見えむに、専《もはら》に不可打殺《うちころすべから》ず。此《か》く諸《もろもろ》の蜂を具し将来《ゐてき》て必ず怨《あた》を報ずる也」とあることからわかります。

大きな蜂を軽い気持ちで打ち殺してしまうと、他の蜂が多くの仲間を引き連れて怨みを晴らしに来ますよと、脅かしているのです。ですが、たんなる脅しではなく、経験にもとづいた事実であると思われます。大きな蜂、たとえばスズメバチなどは、巣をたたき落とされると人間を襲います。そしてスズメバチに刺されると、人間といえども命を無くすことは、よく知られた事実です。

生き物の放生《ほうじょう》→報恩と因果応報は表裏の関係にあります。洋の東西を問わず、蟻《あり》・蜘蛛《くも》・犬・鶴《つる》などの虫や動物への慈悲が大きな報恩となって返ってくる話はたくさん存在します。少し穿《うが》った見方をすれば、商売もそれに通じるものがあります。つまり小さな投資で大きな利益が返ってくるというのが報恩譚《ほうおんたん》に似ているのです。とくに昔話では、善意・善行に対する恩は、宝物などの具体的な財物で報いられることが多いのです。

これは、経済に「必要」という概念が、まだ強く存在していた時代にこそ成り立つ話でしょう。つまり、消費が美徳ではなく、質素倹約が当然の時代では、いくら安い商品が売りに出ていても、必要がなければ買いませんし、売れないという世界です。そして一度買った品物は、大事に使い、自分で修理もするという社会では、不要な物を買うという行為そのものが贅沢《ぜいたく》であり、無駄でした。

要するに、価格が低くても、必ずしも需要が高まらないし、供給への影響も少ないのです。逆に需要と供給が高まっても、情報が行き届かないから、価格が急激に下がるということもないでしょう。水銀商は、伊勢国で多くの水銀がとれ、水銀の仕入れ価格が多少さがっても、その情報が京に届くまでには時間がかかるため、京では以前同様の小売《こうり》価格で売ることができたわけです。そうしますと、水銀商の利益は飛躍的にのびます。いつもと同じ元手《もとで》で多くの水銀を仕入れることができ、以前と同じ価格で多くの水銀を売ることができるからです。

このようなからくりは、実は単純な需要・供給・価格の関係によって生み出されるのですが、商売をしていない人たちには、商人が魔法か何かを使って、豊かになっているかのように思えたのかもしれません。自分たちにわからない方法で利益を得ている商人に対して、庶民は人以外の力が働いたと考えたがります。それが多くの動物・昆虫による報恩譚を生み出したのではないでしょうか。

たとえば、本節の水銀商の話にしても、本当に多くの護衛的人夫《にんぷ》を付けないで、鈴鹿山系を安全に越えることは不可能でしょう。そこにはなんらかのからくりがあるはずです。たとえば、京を出るときは、なにも荷物のない馬を引き連れ、琵琶湖《びわこ》に出てから近江国で伊勢への商品を揃《そろ》え、そこで護衛の人夫を雇い、帰りは水銀だから行きほどの荷物ではなく、実際に人夫も少なくてすみ、京に入る前には少年一人で事足《た》りたのかもしれません。また、多少の人夫は雇うものの、基本的には往来の道筋に出没する主な山賊たちには、先に通行料のごときお金を支払っておいて、安全を確保していたのかもしれません。

現代から考えると、いくらでも合理的な解釈は考え出されます。しかし、これくらいのことは、平安時代の人間でも、ちょっと利口な者ならば、考えつくでしょう。ですが、商人が成功して富裕になってゆく仕組みは、あるいは簡単には理解できなかったのかもしれません。貴族でもなく、自分たちと同じ庶民でいて、商売に成功する人は、よっぽど運がいいか、不思議な力を持っているのではないか。そう考えたのではないでしょうか。

第二節　強運の人・上緌の主

銀台の発見

いつの時代にも運のいい人というものがおります。昔話の主題の一つは、真っ正直に暮らしていれば、良い運が転がり込んでくるというものです。たとえば、「こぶとりじいさん」や「花さか爺《じい》さん」「舌切《したき》り雀」などは典型的です。同じことをしても、良いお爺さんには良い結果が、悪いお爺さんには悪い結果がおとずれます。これは因果応報《いんがおうほう》の原則でもあります。

仏教説話や昔話には、この因果応報の基本テーマが必ずついてまわります。その意味では、運《うん》とは寝ていてやってくるものではなく、日頃の善行の結果もたらされるものと考えても良いかもしれません。『今昔物語集』巻二十六第十三話「兵衛佐上緌主於西八条見得銀語《ひやうゑのすけあげをのぬしにしのはちでうにしてしろかねをみてうること》」には、幸運がどんどん舞い込んできて、とうとうお金持ちになるという男の話が掲載されています。

今昔、兵衛佐《ひやうゑのすけ》□□と云《いふ》人有けり。冠の上緌《あげを》の長《な》がさければ、世《よ》の、上緌《あげを》の主《ぬし》となん付《つけ》たりける。

其人、西の八条と京極との畠中《はたけのなか》に、賤《あやし》の小家《こいへ》一つ有り、其《その》前を行《ゆき》けるに、俄《にはか》に夕立《ゆふだち》のしければ、馬より下りて、其《その》小家に入《いり》ぬ。見れば、嫗《おうな》一人居《ゐ》たり。馬をも引入《ひきいれ》て夕立を過《すぐ》さんとするに、家の内に平《たひら》なる石の、碁枰《ごばん》の様なる有《あり》。其《それ》に尻を打懸《うちかけ》て、上緌の主居《ゐ》たるに、石を以て此《この》居たる石を手□に扣《たた》き居たれば、被打《うたれ》て、窪《くぼ》みたる所を見るに、「銀《しろかね》にこそ有けれ」と見つれば、剥《はげ》たる所に塗り隠して、□嫗《おうな》の云く、「何《なん》ぞの石にか候《さぶら》はん。昔より此《ここ》に此《かく》て候《さぶら》ふ石也」と。上緌の主、「本《もと》より此《かく》て有《あり》けるか」と問へば、嫗の云《いは》く、「此所《このところ》は昔の長者の家となん承《うけたま》はる。此屋所《このやのところ》は倉共の跡に候《さぶら》ひける」。実《まこと》に見れば、大なる礎《いしずゑ》の石共有《あり》。「然《さ》て、其尻懸《そのしりかけ》させ給へる石は、其倉の跡を畠に作らんと思て、畝《うね》を掘《ほ》る間に、土の下より被堀出《ほりいだされ》て候《さぶら》ひし也。其が此《かく》て宿の内に候へば、掻去《かきのけ》んと思ひ候《さぶら》へども、嫗《おうな》は力は弱し、可掻去《かきのくべき》様《やう》も無《なけ》れば、惡《にくむにく》む此《かく》て置《おき》て候ふ石也」と。

名前の部分が削られていて本名はわかりませんが、官職は兵衛佐《ひょうえのすけ》で、冠の上緌《あげお》（髻《もとどり》にくくりつける紐《ひも》）が人一倍長かったため、上緌《あげお》の主《ぬし》と呼ばれていた人物の話です。おそらく当時は、上緌の主といえば、誰でも「ああ、あの人か」とわかったに相違ありません。兵衛佐というのは、従五位下《じゅごいげ》相当官職ですし、兵衛府のナンバー2ですから、庶民からみれば、相当のお偉いさんです。

さて、その上緌の主が、右京西八条京極の畠の中にある粗末《そまつ》な小屋の近くを通りかかりますと、突然、夕《ゆう》立《だち》が降ってきました。そこで馬から降りて、その小屋に雨宿《あまやど》りに入ります。見ると、小屋の中には老婆が一人いました。上緌の主は、自分の馬も小屋に入れようとしています。これは現代の常識ではちょっと図々《ずうずう》しすぎます。ですが、当時の身分制社会の感覚ですと、こういうこともありえたことなのでしょう。

さらに目を凝《こ》らして見回しますと、家の中には碁盤《ごばん》のように四角い石があります。これは椅子《いす》代わりにいいと思い、上緌の主が腰掛けてみました。することもなく、暇つぶしに手でとんとんと石を叩《たた》いていると、窪《くぼ》んだ箇所があることに気づきました。その窪みをよく見ると、「なんとこの石は銀ではないか」と思われます。そこで、老女に石について尋ねてみました。すると老女は「さて、なんの石でございましょうか。昔からここに、このように置いてあった石でございます」と答えます。

上緌の主が、「もとからここにあった石なんだね」と確認しますと、老女は、「ここは、昔、金持ちの長者《ちょうじゃ》の家があったところで、この家の場所は、ちょうどそのお屋敷の倉のあった場所でございます」と答えます。

なるほど、見回すと、大きな礎石《そせき》がいくつもあります。「その座ってらっしゃる石は、倉の跡《あと》に畠をつくろうと思って、畝《うね》を掘っている時に、土の中から出てきたものでございます。それが今はこのように家の中にあるので、取り除きたいのですが、老婆の力ではとても動かすことはできません。邪魔で嫌なのですが、仕方なくそのままにしてあるのでございます」と説明してくれました。

西八条京極

西八条通《にしはちじようどおり》と京極通の交差する地点といいますと、右京の西南端に近い場所です。こんなところに長者がすんでいたのでしょうか。天元《てんげん》五年（九八二）に慶滋保胤《よししげのやすたね》が著した『池亭記《ちていき》』には、

予《われ》二十余年以来《このかた》、東西二京を歴見《れきけん》するに、西京《にしのきやう》は人家漸《やうや》く稀《まれ》にして、殆《ほとほと》幽墟《いうきよ》に幾《ちか》し。人は去ること有りて来《きた》ることなし。屋は壊《やぶ》ること有りて造ることなし。

と、西京の衰退の状況が描かれています。さらに同書は、

東京《ひがしのきやう》の四条以北、乾艮《いぬいうしとら》の二方は、人人貴賤《きせん》となく、多く群聚《くんしゆう》する所なり。高家《かうか》は門を比《なら》べ堂を連《つら》ね、小屋《せうおく》は壁を隔《へだ》て簷《のき》を接《まじ》ふ。

とあり、東京《ひがしのきょう》の四条通以北が人口密集地であったと述べています。慶滋保胤の記述を一〇〇％信用するわけではありませんが、彼の述べたような傾向が見られたことは確かなのではないでしょうか。

保胤のいうような居住地の偏在性は、平安京の築かれた地形に大いに原因がありました。つまり平安京は東北隅から南西隅方向に傾斜した土地の上に建設されていたのです。そのため、雨が降ると、水流は南西隅に向かって流れ込むことになり、右京《うきよう》（西京）は概して湿地帯をなしていたようです。湿地が残ったり、雨が降ると水が溢《あふ》れる地域は居住空間としてはあまりよくありません。それで住民たちは左京《さきよう》（東京）の四条以北を望んで住んだわけです。

そうしますと、貧乏ならばともかく、長者といわれる人がわざわざ条件の悪い西八条京極に住む必要はな

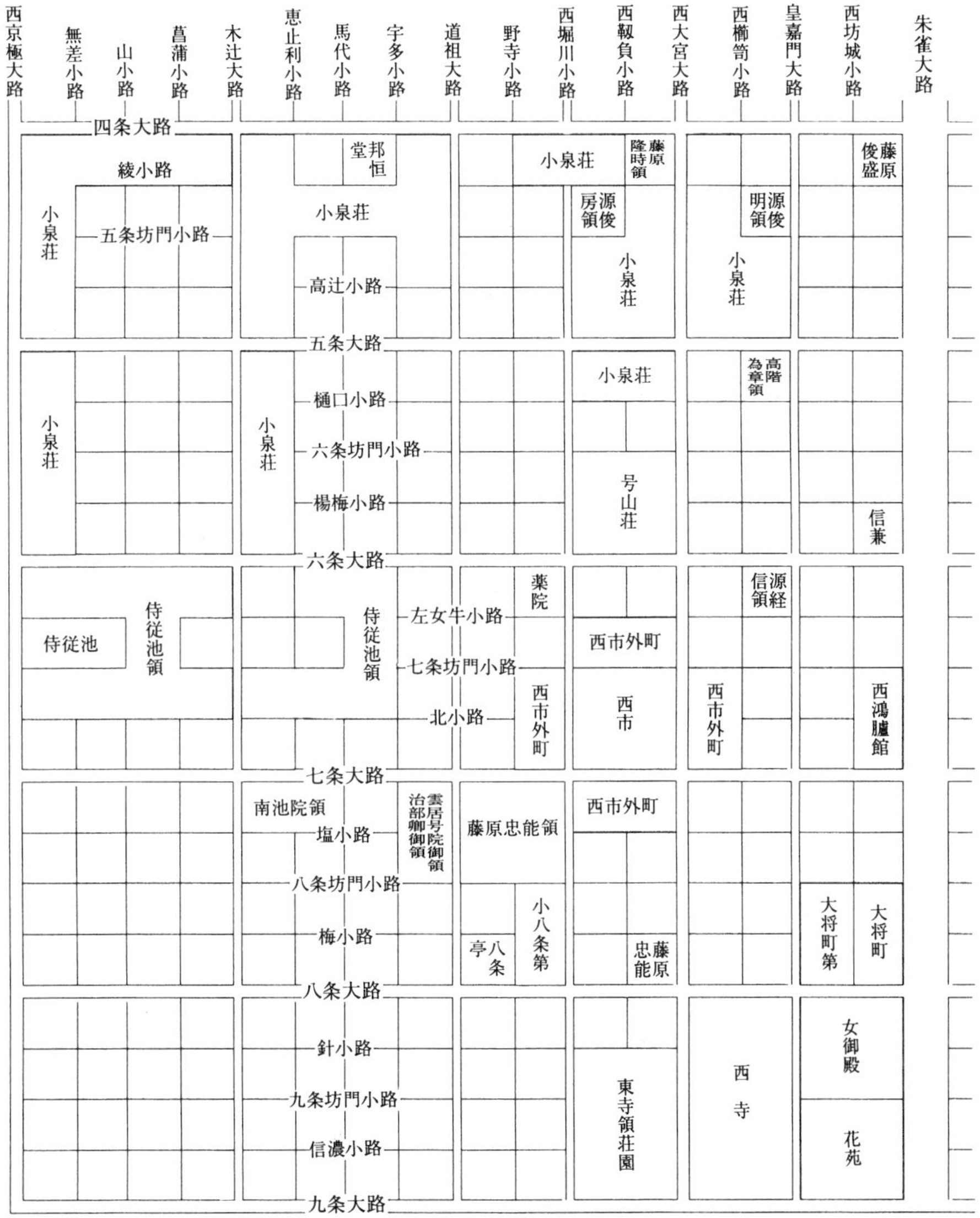
西京極大路
無差小路
山小路
菖蒲小路
木辻大路
恵止利小路
馬代小路
宇多小路
道祖大路
野寺小路
西堀川小路
西靫負小路
西大宮大路
西櫛笥小路
皇嘉門大路
西坊城小路
朱雀大路
四条大路
綾小路
五条坊門小路
高辻小路
五条大路
樋口小路
六条坊門小路
楊梅小路
六条大路
左女牛小路
七条坊門小路
北小路
七条大路
塩小路
八条坊門小路
梅小路
八条大路
針小路
九条坊門小路
信濃小路
九条大路
小泉荘
堂邦恒
藤原隆時領
源房俊領
源明俊領
藤原俊盛
高階為章領
号山荘
信兼
薬院
源信経領
侍従池
侍従池領
西市外町
西市
西鴻臚館
南池院領
雲居号院御領
治部卿御領
藤原忠能領
小八条第
亭八条
藤原忠能
大将町第
大将町
東寺領荘園
西寺
女御殿
花苑

図4　右京南半分図

くなります。ただし一つだけ可能性があるケースがあります。それは彼が商人である場合です。

西市《にしのいち》は、北を七条坊門小路《ぼうもんこうじ》、南を七条大路、東を西大宮大路、西を西堀川小路に囲まれた四町の場所に設置されていました。そして、その周りに、市人《いちびと》たちが作りあげた外町《そとまち》ができていったのです。その西市の場所を考えますと、西八条京極というのは、西市に近い場所と考えられます。そして舟運《しゅううん》をも考慮に入れますと、葛野川《かどのがわ》（桂川）からの荷降ろしも便利な場所と考えることもできます。

『宇津保《うつほ》物語』の中にけちん坊の権化《ごんげ》のような三春高基《みはるのたかもと》という人物が登場します。彼が住んでいる場所が「七条の大路のほどに、二町のところ」で、そこに「四面に蔵建《た》て並べたり」という状況でした。七条と八条の違いはありますが、非常に近くです。そして高基は立派な御殿を建てて贅沢するより「そのものを貯へて、市《いち》し商《あきな》はばこそかしこからめ」と商売を肯定します。しかも「絹ぐらにある徳町《とくまち》といふ市女《いちめ》の富める」人を奥さんにしています。彼女も市町と関係の深い女性です。

「此所は昔の長者の家」ということは、長者がかつては住んでいたけれど、今はもういないという状況です。これは、慶滋保胤が述べるように、右京の衰退とともに、長者も左京の北のほうに引っ越してしまった状況を想定させてくれます。繁華街も、七条坊門と七条大路の間の東市・西市から、三条・四条という人口が密集した地域へと移ってゆきました。長者も繁華街の移動とともに、移っていったと考えられます。『宇津保物語』の吝嗇《りんしょく》の高基ですら、あて宮という美人に気に入られようと、「四条わたりに、大きなる殿《との》買はれて、財を尽くして造」るわけです。

銀を騙し取る　長者が家を移転させるときに銀の塊《かたまり》をなぜ置いていったのかは、考える必要はないかと思います。そもそもこれはお話ですから、長者の存在すら疑問です。とりあえずは、物語の設定と可能性の問題にすぎません。

さて、上緌の主はその後どうしたでしょうか。

上緌《あげお》の主此を聞て、「早《はや》ふ不知《しらぬ》にこそ有けれ。目有《めあ》る者ぞ見付《みつく》る。我此石取《とり》てん」と思《おもひ》て嫗に云く、「此石は嫗共こそ由無物《よしなきもの》と思たれ共、我家に持行《もてゆき》て、可仕要《つかふべきえう》の有也」と云へば、嫗、「只疾召《とくめし》てよ」と云《いふ》に、上緌の主、其辺《そのわたり》に知たる下人《げにん》の許《もと》に、車を備《そなへ》て掻入《かきいれ》て出《いで》んと為《する》程に、只に取んが罪得《え》がましかりければ、着たる衣《きぬ》を脱て嫗に取らすれば、嫗も心も不得《えず》して騒ぎ迷《まど》ふ。

上緌の主は「やはり婆さんはこの石が銀だとは知らないのだな。しかし見る人が見ればすぐに銀だとわかってしまう。なんとかしてわが物としよう」と考えます。そこで「この石は婆さんには意味のないものと思うけれど、我家に持っていってゆけば、けっこう使えるものなんだがなあ」と老婆にもちかけます。老婆は「それなら、さっさと持っていってくださってけっこうです」と答えます。上緌の主は、まってましたとばかりに、その辺に住む知り合いの下人の家に行き、荷車を借りてきて、銀の塊を運び出そうとしました。ふと、只《ただ》で騙《だま》し取るような後ろめたい気分がしたので、着ている衣服を脱いで、老婆に与えようとします。老婆の方はなにも知らないので、やっかいな石を取ってくれた上に、衣服までもらってはと恐縮してしまいました。

この後、原文は老婆がありがたがる情景を描写しますが、それは上緌の主に対する皮肉でもあるのでしょうか。しかし、『今昔物語集』は、意外と人情の機微《きび》よりも現実を重視する傾向があります。その意味では、大事なお宝である銀塊をなにも知らずに与えてしまい、衣服ごときの謝礼で喜んでいる老婆を滑稽な存在として描いている可能性の方が高いと思われます。上緌の主は、利口な成功者と考えるべきでしょう。

然《さ》て、上緌の主は此石を車に掻入《かきいれ》て遣《や》らせて、家に返《かへり》て、打欠《うちかき》々売るに、漸く思《おぼ》しき物共皆出来《いでき》ぬ。

米《よね》、絹、綾など多く出来《いでき》ぬ。

話はどんどん現実的に進みます。上緌の主は、銀塊を車で家に運ばせて、家に帰ってからは、少しずつ打ちくだいては売り、打ちくだいては売りして、欲しい物を揃《そろ》えてゆきました。米・絹・綾《あや》がその欲しい物の代表なのでしょう。同時に、この三品は平安時代に、もっとも一般的に使われた商品貨幣でした。現在のように紙幣や金属貨幣が、まだ定着・普及していませんでしたから、商品価値の高い物が貨幣として支払い・蓄財の機能を果たしていました。

ここでも、人を騙して利益を得るなどというのは非道な行為だという論理は出てきていません。上緌の主も少しだけ良心が咎《とが》めたのか、衣服を老婆に渡していますが、それでおしまいです。

ところで、銀についてですが、金と銀は貴重な鉱物として、平安時代でも宝石として認識され、高価な貨幣として使用できました。銀がたしかな史料に登場するのは、『日本書紀』天武三年三月丙辰のことです。対馬《つしま》の国守忍海造《おしみのみやつこ》大国《おおくに》が「銀が始めて当国で出ました」と報告してきた記事です。さらに天武朝には、十二年四月壬申条に、「詔して曰《のたまは》く、自今以後は必ず銅銭を用《もち》ゐ、銀銭を用ゐること莫《なか》れ」という詔がだされ、二日後には「銀を用ゐることを止《や》むること莫《なか》れ」という詔も出されています。

つまり天武朝にはすでに銅銭も銀銭も使用されていたということになります。もちろん国内での鋳造ではなく、中国あたりからの輸入銭貨でしょう。そして、なぜか銅銭の流通を保護し、銀銭の使用を禁止します。ただし、銀銭の使用は禁止しても、銀そのものの使用までは禁止していません。二日後の詔は、その誤解を警戒して出されたものと考えられます。

私たちは和同開珎《わどうかいちん》というと銅銭しか思い出しませんが、実は同時に和同銀銭《ぎんせん》も鋳造されたのです。『続日本紀』和銅《わどう》二年三月甲申条には、

制《せい》すらく、凡《およ》そ交関《けうくゑん》の雑物《ざふもつ》は、其の物の価《あたひ》、銀銭四文已上《ゐじょう》は、即《すなは》ち銀銭を用ゐよ。其の価三文已下《ゐげ》は、皆銅銭を用ゐよ。

と定められています。高額貨幣と低額貨幣の使い分けです。地方はともかくとして、都では貴金属の銀による支払いが登場し始めたことを窺《うかが》うことができます。

土地の購入

上紲の主は、だいたい必要な物が揃《そろ》いますと、今度は、大きな買い物をしました。不動産の購入です。

然て、西の四条よりは北、皇賀門《くわうかもん》よりは西に、人も住《すま》ぬ浮《うき》のゆう〳〵と為《す》る、一町余許有《あまりばかりあり》。其《それ》を、「直幾許《あたひいくばくばかり》も不為《せじ》」と思て、直只少《ただすこし》に買《かひ》つ。主は不用の浮なれば、畠にも否作《えつくる》まじ、家も不作《つくる》まじければ、不用の所と思ふに、直少《あたひすこし》にても買ふ人の有れば、「□者かな」と思て売《うり》つ。

人間はお金を手にすると、普段欲しいと思っていながら買えなかったものを購入したり、おいしいものをおなかいっぱい食べます。そして次には、家を買い、土地を買います。衣食住のうちの衣食が満たされると、住環境を整えたくなるのでしょう。これは人間の本能といってもよい行動です。不動産の購入は、ある種の安定をも意味します。その次は、家の中を飾る物をあれこれ揃え始めるのです。

上紲の主も御多分に漏れず土地を購入しました。そこは西京で、四条大路より北、皇嘉門《こうかもん》大路より西に当たる場所で、人も住まないじめじめした湿地で、一町《いっちょう》ばかりの広さでした。このような場所ですから「値段もそんなにはしないであろう」と考えて、実際にごく安い値段で購入しました。地主も、ここは役に立たない湿地で、畠にもできないし、家を建てることもできないから、いらない土地だと思っていたので、値段が安くても、買う人がいれば「奇特《きとく》な人だ」と思って売ったのでした。

平安京内の宅地は、基本的に国家から班給《はんきゅう》されたものです。それを売買するには、当事者だけではできません。原則として契約書を作成して、それを公的機関に承認してもらわなければなりません。これを「立券《りっけん》」といいます。正式に行いますと、地主は土地の売買について条令《じょうのうながし》に申し立て、条令が京職《きょうしき》に連絡し、

図5　土御門殿(藤原道長邸)の復元模型

京職が契約書を確認して「職印《しきいん》」を押して、契約書が正式の手続きを経たものであることを認めます。この職印が押されてはじめて、書類は有効性を持つようになるのです。この公的印のないものを「白紙《はくし》」といい、不正行為ですが、しばしば当事者間で、この白紙による売買が行われたようです。

　それはさておき、上綾の主は慎《つつ》ましやかな買い物をしたように見えます。物語の設定では、あくまでもそうなのですが、現実とはいささか異なります。たとえ西京といえども、四条以北ならば、それほど湿地とはいえません。しかも皇嘉門大路は朱雀大路より二本西側の街路です。それより西側といっても、さほどメインストリートからはずれた場所とは考えにくいのです。事実、平安前期には、四条大路以北で皇嘉門大路よりはるかに西の西堀川小路と道祖《どうそ》大路に挟《はさ》まれた地に淳《じゅ》和院《んないん》が四町の広さで建設されていました。たしかに小《こ》泉《いずみ》と称される湿地もありますが、「不用の所」というのは、言い過ぎでしょう

　ただ、ここで確認しておきたいことは、平安京と

いっても整然とした街路と建築物で覆《おお》われていたのではないということです。保胤が四条以北は住居が犇《ひし》めき合っていると述べても、それは左京のことで、右京は四条以北といえども、湿地があり、荒地があったということです。平安京の基本の形は南北が縦長の長方形と考えてよいのですが、その内部構造は、けっして朱雀《すざく》大路を軸としたシンメトリカルではなかったのです。

土地の改造

平安京は最初から完成した都市ではなく、住民によって次第に形づくられていった都市でした。しかも、地元民がほとんどいないために、条件の悪い場所はうち棄てられ、人々は条件の良い場所に集中しました。右京の湿地は干拓されることなく、湿地のまま放置され、左京といえども、氾濫《はんらん》の多い賀茂河原は自儘《じまま》な耕作が行われるなど、都市らしからぬ景観を呈《てい》していました。これは、当初から荒廃していた地域もあれば、後に人為的に荒廃した地域もあるでしょう。いずれにしましても、平安京全体をメトロポリス的なイメージで捉えては、現実と齟齬《そご》をきたすということです。

そのようななかで、上緌の主は珍しく、購入した土地に力を注ぎます。

上緌の主此の浮《うき》を買取て後、摂津《つ》の国に行《ゆき》ぬ。船四五艘《しごさう》 艜《ひらだ》など具して、難波《なには》の辺《わたり》に行て、酒粥《さけかゆ》などを多く儲《まう》け、亦鎌を 多儲《おほくまうけ》 て、往還の人を多く招き寄《よせ》て、「其酒粥を皆飲《のま》ん。然て、其替《そのかはり》には此葦苅《このあしかり》て少し得させよ」と云《いひ》ければ、或は四五束《そく》、或は十束、或は二三束苅《かり》て取らす。如此《かくのごとく》三《み》四日《かよ》苅《かから》せければ、山の如く苅《から》せ積《つみ》、其を船十余艘に積て、京へ上るに、往還の下衆共《げすども》に、「只に過んよりは、此船の綱手引《つなでひけ》」と云ければ、酒をし多く儲たれば、酒を呑《のみ》つ綱手を引けば、糸疾《いとと》く賀茂河尻《じり》に引付《ひきつけ》つ。其後は車借《かり》て物を取せつゝ運び、往還の下衆共に、如此酒を呑《のま》せて、其買得《かひえ》たる浮の所に皆運び持来《もてき》ぬ。然て、其《その》葦を其浮に敷て、其上に其辺土《そのわたりのつち》 を救《すくひ》て、下衆共を多く雇《やとひ》て刎置《はねおき》て、其上に屋《や》を造《つくり》にけり。

上緌の主がなにをしたかと申しますと、彼はまず摂津国に出かけます。船四、五艘と平田船《ひらたぶね》を引っ張ってゆき、酒や粥《かゆ》を十分に用意して、京に向かう人々に振舞《ふるま》います。「この酒や粥はみんな飲んで食べてくださってけっこう。その代わりに、ここに生えている葦《あし》を少しでもいいから刈り取っていってくだされ」と声をかけたのです。そうして三、四日、葦を刈ってもらい続けますと、葦は山のように積みあがりました。今度は、その刈り取った葦を船に積みあげます。そして酒を振舞って、「手ぶらで歩くなら、この船の綱手《つなで》を引いておくれ」と頼みました。するとあっという間に、葦を載せた船は賀茂川尻に着きました。そこからは車を雇って、やはり往来の人たちに協力してもらい、買得《ばいとく》した湿地までその葦を運びました。

上緌の主は、摂津の葦を湿地に敷き詰めて、湿地を湿地でなくし、その上に家を建てたのです。葦に水分を吸わせて、その上に土をかぶせて土台造りをしたのでしょう。そうしますと、当然、葦は乾燥していなければなりませんし、水分を吸ったあとは、少しは腐葉土のようにならないと、土をかぶせても意味がありません。この作業は三、四日で済むものではありません。一年くらいかけてじっくりする必要のある作業かもしれません。そこは物語の便利さで、あっという間に結果が出てしまうのです。

上緌《あげお》の主《ぬし》は自分で住むために家を建てたのではなかったのです。あたかも現代の建売住宅のように販売を目的に家を建てたのでした。

藁しべ長者型

其《その》南の町は大納言源《だいなごんみなもと》の定《さだむ》と云《いひ》ける人の家也。それを其定《そのさだむ》の大納言、上緌の主の手より買取《かひとり》て、南北二町には成《なし》たる也。今の西《にし》の宮《みや》と云《いふ》所此《ここ》也。

上緌の主が買得した土地の南側は大納言 源 定《みなもとのさだむ》の邸宅でした。源定は、自分の家の北側にできた家地も購入して、南北二町の屋敷とします。それが今の西宮《にしのみや》という所になります。西宮というのは、源高明《たかあきら》の邸宅のことです。高明は前斎宮雅子《さきのさいぐうまさこ》内親王から譲り受けています。実はこの土地は、元の地主→上緌の主→源定→源唱《となう》→更衣《こうい》周子→前斎宮雅子内親王→源高明という変遷を経ています。このように所有者が変わる際に、最初の立券《りつけん》がきちんとしたものでないと、いろいろと問題がでてくるのです。上綾の主は、左《さ》兵《ひょう》衛佐《えのすけ》という官人ですから、その辺はきちんとしていたと考えられます。

源高明邸については、先の『地亭記』に記述があります。

往年《わうねん》一つの東閣《とうかく》有り。華堂朱戸《くわたうしゆこ》、竹樹泉石《ちくしゆせんせき》、誠にこれ象外《しやうがい》の勝地なり。主人事《こと》有りて左転《さてん》せられ、屋舎《をくしや》火有りて自《おの》づから焼けぬ。

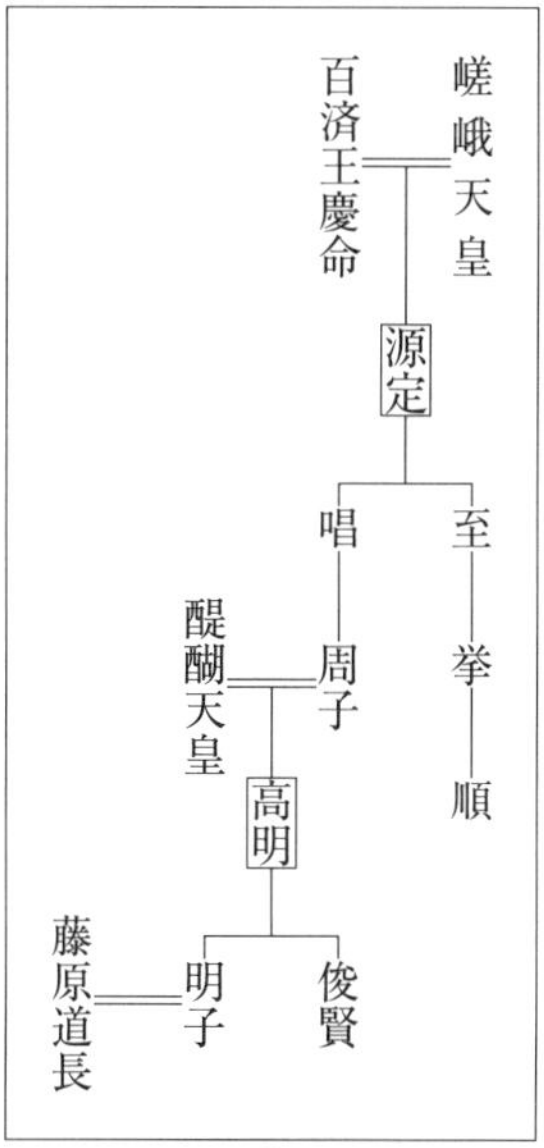

図6　源定関係系図

東閣というのが高明の西宮のことです。「華堂朱戸」というのは、華麗な建物と朱色の扉を意味します。そして庭には竹が植えられ、泉から湧き出る水が池を潤《うるお》し、各所にみごとな石が配置されていたようです。まさにこの世のものとも思われぬほどみごとな景勝地であった西宮も、安和《あんな》の変で高明が大宰府に左遷されると、間もなく焼亡してしまったのです。「主なき家は滅ぶ」とはこのことです。

ところで、上綾の主が整地して家を建てたところ、すぐに買い手がつきました。ちょっと言葉は悪いですが、まさに現代の建売住宅です。しかし、嵯峨《さが》天皇の息子である源定が建売住宅を欲しがるとは思えません。音楽を愛し、座右《ざゆう》には鼓鐘を置いて、自ら弾じて楽しんだという文化人源定としては、自邸の北隣りに見知らぬ人の家が建つのは、あまり好ましくなく、それならばいっそのこと買いあげてしまった方がすっきりすると考えたのではないでしょうか。

また、上綾の主も、湿地で安い土地は他にもあるのに、よりによって源定邸の北隣りを選んだのは、源定の性格から買い上げられることを予測しての土地選定だったのではないでしょうか。もしそうならば、上綾

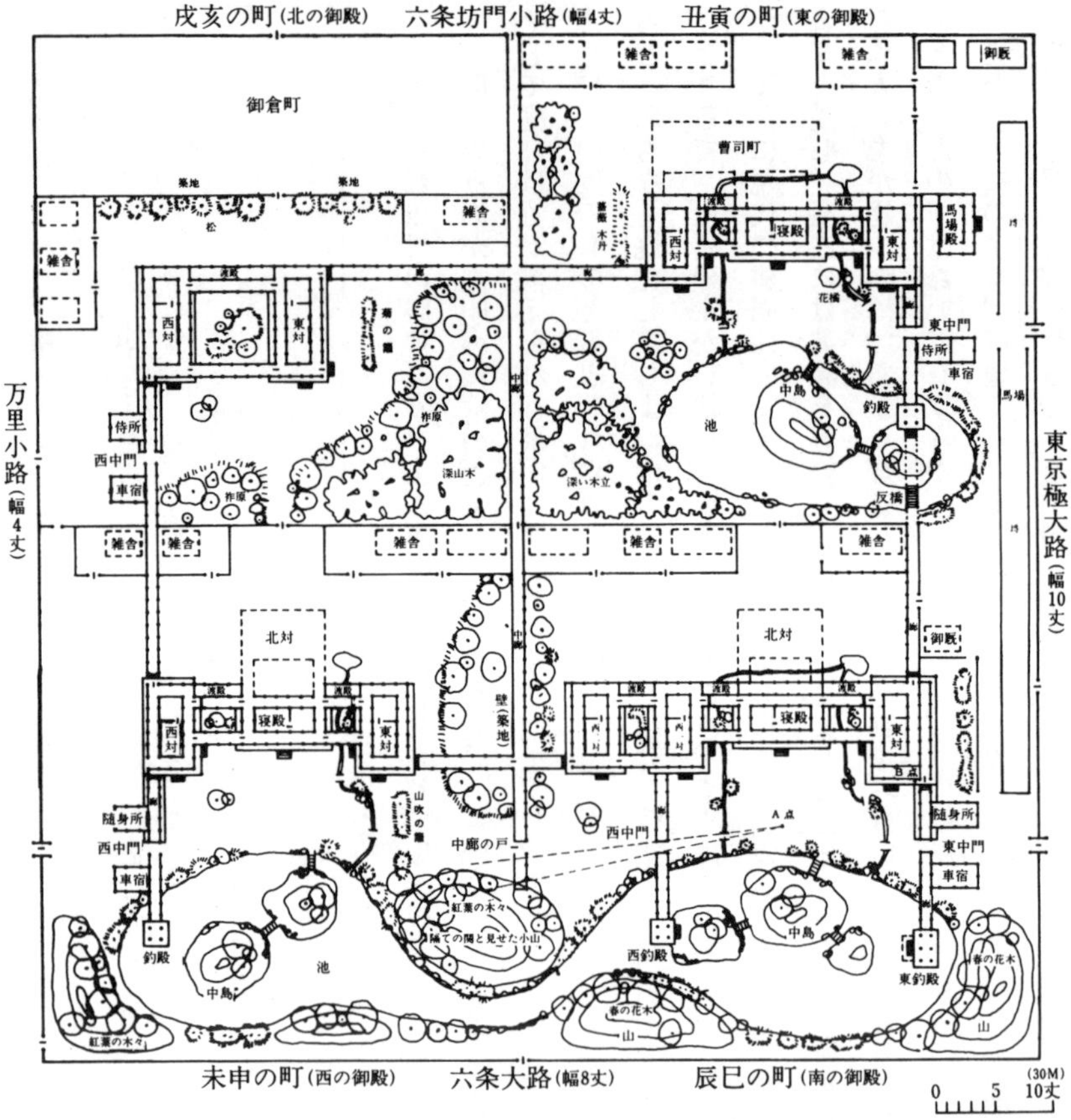

図７　『源氏物語』の六条院想定平面図

の主は、みごとな土地転がしの不動産屋ということができましょう。

最初は偶然に銀塊を見つけ出します。そして、それを巧みに老婆から貰い受けます。今度は、その銀塊を元手にさまざまな品物を手に入れ、さらに安い値段で土地を購入します。その土地が湿地でしたから、人を酒食で上手《うま》く使い、整地してしまいます。家も建てました。すると南隣りの貴族が土地と家を買いあげてくれました。まさにとんとん拍子の成り行きです。

これも、かたちは多少違いますが、藁《わら》しべ長者型説話の一類型といえるのではないでしょうか。観音《かんのん》祈願型の藁しべ長者の話は、最初はたんなる藁しべだったものが、交換を重ねるうちに、藁しべにしばった虻《あぶ》↓若様の蜜柑《みかん》↓喉《のど》の乾いた旅人の反物《たんもの》↓馬↓田畑と変遷して、主人公は大金持ちになるという話です。最初につかんだものを放してはいけないという観音のお告《つ》げを守ることで富裕になるわけです。それぞれは等価《とうか》交換なのですが、主人公がスムーズに自分の持っているものを必要とする人と出会うことで、魔法のように持ち物がどんどん価値の高いものに変わってゆくのです。

上綾の主の場合は、最初から銀という価値の高いものでしたが、きっかけは粗末な小屋に入るということから始まっています。そして銀塊をそのままにしておかないで、さまざまに活用することで、最後は土地付の建売住宅になり、それも売れてしまい裕福になっていきます。

ちょっとしたことから運をつかみ、商売をして成功するというのも、一般の人からすれば、随分と不思議なできごとのように見えたのでしょう。『今昔物語集』では「此も前世の機縁有事《あること》にこそ有らめ」と、前世の因縁として説明しています。ようするに現実離れした成功譚《たん》なので、説明できなくて前世の因縁とせざるをえなかったのでしょう。現代でも、成功した企業家や店主の話はテレビなどでよく放映されています。聞いてみると、なるほどと思うこともありますが、やはり自分にはつかめない運を持っていたのだなあと感心することがしばしばです。今も昔も、商業などの成功は、わかったようでわからない謎に満ちていて、私たちを羨《うらや》ましがらせる話といえましょう。

第三章　盗賊団の跋扈する都

検非違使の長《おさ》（中央）・火長（右隣り）と従者たち

第一節　都の怪盗・袴垂

京都でも江戸でも、三代以上続かないと京都人《きょうとじん》・江戸《えど》っ子《こ》とはいわないという言葉をよく耳にします。これは、都会に住む人々の防衛本能からくる言葉だと思います。現代では、地域の共同体《きょうどうたい》意識というものが稀薄《きはく》になっていますが、かつては、この地域共同体の紐帯《ちゅうたい》こそが、防犯の基礎になっていたのです。江戸時代には、京都の町々はそれぞれ町木戸《まちきど》を設けていました。通りの北と南に木戸を設けますと、夜にその二箇所を閉めてしまえば、通りとその両側の家並《やな》みで空間が閉鎖されます。これが両側町《りょうがわちょう》というものです。ここには不審人物は入ってこられません。たとえ入ってきたとしても、誰かがその不審人物に気づき、隣り近所に注意を促します。あるいは事件が起こってしまっても、それとなく注意して見ていますから、犯人を突き止めやすくなります。つまり世間が狭い方が、「おい、今通ったのは、どこの誰だい?」ということになり、防犯カメラなど不要なほど、防犯機能が働くわけです。そうしますと、隣り近所の目が働いてくれているから、二、三軒隣りに用足しに出かけるのに、わざわざ鍵をかける必要もなくなります。安穏《あんのん》なものです。

しかし、それだけの関係を築きあげるには、一家がある程度定住して、お祖父《じい》さんから孫の代まで揃《そろ》っている、つまり三代続かないと、「ああ、あそこは誰々さんの家だよ」という認識を持ってもらえないわけです。

都会の犯罪性

これは翻《ひるがえ》って考えますと、都会には三代続かない人がたくさん流入してきて、素性《すじょう》のはっきりしない人

図1　武者と従者

が多かったということでもありましょう。奈良時代から、地元での税の徴収から逃げ出した浮浪《ふろう》・逃亡《とうぼう》の人々が、平城京《へいじょうきょう》をめざして流れ込みました。それは都会には多くの人が住み、仕事もたくさんあるだろうという希望をもってのことです。事実、平城京でも平安京でも、建設工事は常にあり、なんらかの日雇《ひやと》い労働は存在しました。その状況は、江戸時代や現代の東京でもあまりかわりません。都会というのは、人が集まり、労働力が必要とされる場所であることはたしかなのです。

それは都会が、定住人口だけでは維持《いじ》できないという問題を抱《かか》えていることも意味します。定住人口と流入人口の比率がどの程度になると犯罪が増えるのかはわかりませんが、いろいろな問題が発生することだけは否定できません。地方からの流入者は、悪い条件で仕事を与えられても文句が言いにくい状況があります。すると安い労働力が多量に発生することになり、今度は定住者の労働に影響を及ぼすことになります。ここに定住者と新住民との軋轢《あつれき》を生み出す一つの要素を見い出すことができます。

また、定住者は失敗をしたり、過《あやま》ちを犯しても、その土地で生きてゆかねばなりません。それゆえ、できるだけ共同体に迷惑をかけないように規律を守ろうとします。しかし、定住者からみれば、新住民は、どうせ流れ者だから、なにかしでかしてもまたどこかに流れていけばいいから、気楽なものだというイメージがあります。そこにまた、地元に溶け込もうとする新住民と定住者との軋轢が生まれます。

まだまだありますが、こうした軋轢が犯罪を生むきっかけにもなります。

「都に行けばなんとかなる」と考えて、平安京にやってきた人たち、あるいは税を搬入《はんにゅう》してそのまま都に居ついてしまった人たちが、きちんと仕事にありつければ、やがて彼らも三代目には都人《みやこびと》となります。しかし、必ずしも全員がそうなるとは限りません。仕事もなく、食い詰める状態になることだってあるでしょう。その場合、彼らはどうするでしょうか。物乞《ものご》いになるか、盗賊になるか。二つに一つということになります。

芥川龍之介《あくたがわりゅうのすけ》の小説「羅生門」は、食い詰めながらも、盗賊になりきれない男の心情をテーマにしています。原話は『今昔物語集』巻二十九第十八話「羅城門登上層見死人盗人語《らせいもんのうはこしにのぼりてしにんをみるぬすびとのこと》」にあります。ここでは死体から衣服等を剥ぎ取る老婆を見て、自分も盗賊になるという決心を男が見せています。

袴垂登場

紫式部の『源氏物語』に代表される王朝文化の裏側では、地方から流れてきて、生活に困窮した結果、追《お》い剥《は》ぎ・強盗になる人たちもいたことを、私たちは忘れてはなりません。そうした盗賊団は、都の住民に恐怖を与えると同時に、絢爛豪華《けんらんごうか》な生活をする貴族に対する民衆の憎悪《ぞうお》の代表としての役割も果たしました。盗賊の手が自分たちの身に及ぶのは嫌ですが、貴族の邸に入る強盗は痛快な半英雄でもあったわけです。その一人に袴垂《はかまだれ》と呼ばれた盗賊がいます。

『今昔物語集』巻二十五第七話「藤原保昌朝臣値盗人袴垂語《ふぢはらのやすまさのあそむぬすびとのはかまだれにあふこと》」をみてみましょう。

今昔、世に袴垂《はかまだれ》と云極《いみじ》き盗人の大将軍有《あり》けり。心太く力強く、足早《あしはやく》、手《て》聞《き》き、思量賢《おもばかりかしこ》く、世に並び無き者になむ有ける。万人《よろづのひと》の物をば隙《ひま》を伺《うかがひ》て奪《ば》ひ取るを以て役とせり。

其れが十月許《かんなづきばかり》に衣《きぬ》の要有ければ、衣少し儲《まうけむ》と思て、可然《しかるべ》き所々を伺ひ行《ありき》けるに、夜半許《ばかり》に人皆寝静《しづ》まり畢《はて》て、月のをぼろ也《なり》けるに、大路にすゞろに衣の数《あまた》着たりける主《ぬし》の、指貫《さしぬき》なめりと見ゆる袴の喬《そば》挟《はさみ》て、衣の狩衣《かりぎぬ》めきてなよゝかなるを着て、只独《ひと》り笛を吹て、行きも不遣《や》ら(で)練《ね》り行く人有《あり》けり。

袴垂是《これ》を見て、「哀れ、此《これ》こそ我れに衣得させに出来《いできた》る人なめり」と思《おぼえ》ければ、喜《よろこび》て走り懸《かかり》て、打臥《うちふ》せて衣を剥《はが》むと思ふに、怪しく此の人の物恐《ものおそろ》しく思《おぼえ》ければ、副《そひ》て二三町許《ばかり》を行くに、此の人、「我に人こそ付《つき》にたれ」と思《おもひ》たる気色《けしき》も無くて、弥《いよい》よ静に笛を吹て行《ゆ》けば、袴垂、「試《こころみ》む」と思て、足音を高くして走り寄《より》たるに、少《すこし》も騒《さわぎ》たる気色も無くて、笛を吹き乍《なが》ら見返《みかへり》たる気色、可取懸《とりかかるべ》くも不思《おぼえざ》りければ、走り去《のき》ぬ。

かつて平安京に袴垂《はかまだれ》という盗賊の大親分がいました。彼は肝《きも》っ玉《たま》も大きく、腕力も強く、足も速ければ、腕も利《き》き、頭もよかったので、世に並び無き人物でした。袴垂は諸人の持ち物を、隙《すき》を窺《うかが》って盗み取ることを生活の業《なりわい》としていました。

その彼が、十月になって寒さを感じるようになったのでしょうか、着物を必要としました。少しまとまって着物を手に入れようと考え、それらしき所を何箇所か探し歩きました。ある夜半に、当たり前の生活をしている人たちはもう寝静まった頃に、袴垂は着物を求めて徘徊《はいかい》していました。月も朧《おぼろ》でぼんやりとした夜でしたが、ひょんなことに何枚も着物を重ね着した人物が大路を歩いているではありませんか。その人物の格好はというと、指貫《さしぬき》とみえる袴の端《はし》をたくし上《あ》げて帯に挟《はさ》み、狩衣《かりぎぬ》のような柔らかそうな衣を着ています。そしてただ一人で笛を吹きながら、ゆったりと練《ね》り歩いているのです。

袴垂はこれを見て、「やった！　こいつは、捜し求めていた衣を、俺様に差し出すためにでてきたカモだぞ」とほくそえみ、喜び勇《いさ》んで走りかかり、一気に打ち倒して衣を奪い取ろうとしました。ところが、あにはからんや、カモと思った人物は、なんともいえぬ殺気を出しています。簡単には襲い掛かれそうにありません。しかたなく、その人物の後を二、三町も付いて行ってしまいました。
ところがその人物は、「自分を誰かがつけているぞ」と気にする様子もなく、悠然と静かに笛を吹いて歩いてゆくのです。じれったくなった袴垂は「ええい、ままよ」とばかりに、足音をわざと立てて走りよってみました。しかしかの人物は、まったくあわてる様子もなく、笛を吹いたままで、くるりと振り返っただけです。そこには寸分の隙もなく、打ちかかるどころではありません。袴垂は、しかたなくそのまま走り去ったのです。

話はこの後もまだまだ続きます。基本的に、この話では藤原保昌《ふじわらのやすまさ》の武者振《むしゃぶ》りのすばらしさを描こうとしているので、袴垂は脇役です。しかし、冒頭の袴垂の紹介を読みますと、まるで石川五右衛門《ごえもん》や日本左衛門《ざえもん》かのように、盗賊ではあるものの、一方の英雄でもあるかのごとき書きっぷりです。「心太く力強く、足早、手聞き、思量賢く、世に並び無き者になむ有ける」などとあるのは、最高の賛辞以外のなにものでもありません。

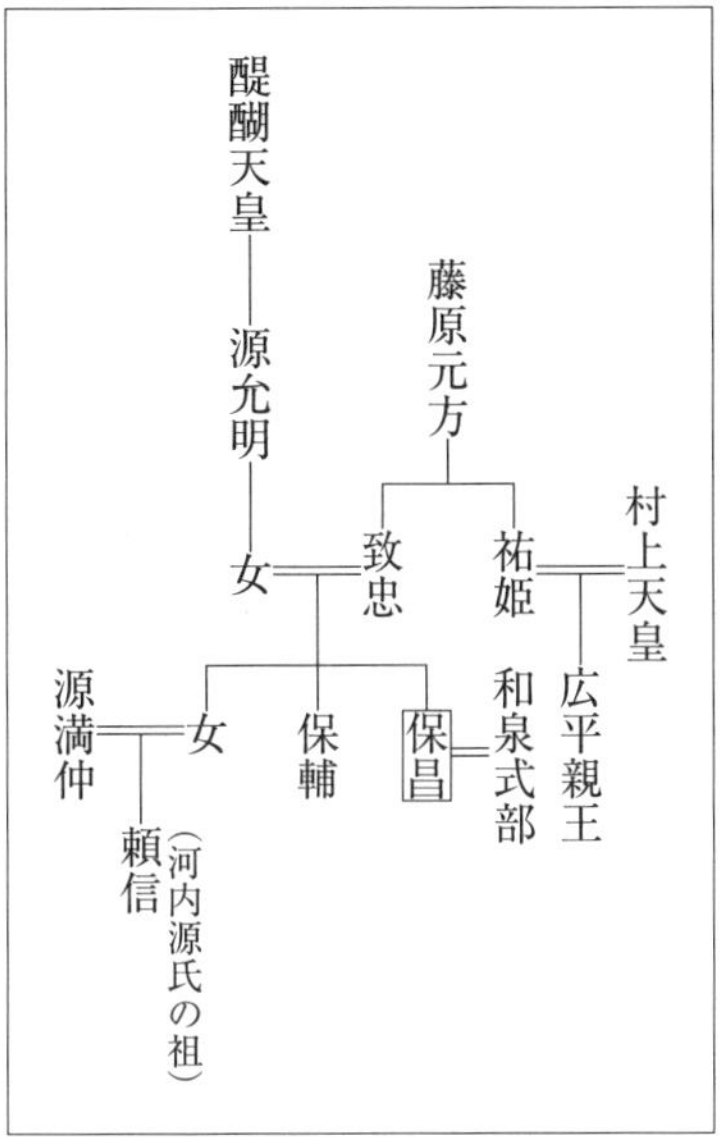

図2　藤原保昌関係系図

さて袴垂というのは、二つ名であり、本名は別にあると思われます。石川五右衛門が実在の人物であったように、袴垂も実在の人物なのです。ただし、年齢不詳・本名不詳。そのため『尊卑分脈《そんぴぶんみゃく》』に「本朝第一の強盗の張本」と記された藤原保輔《やすすけ》ではないかという説もあるくらいです。

藤原保昌

『今昔物語集』のこの話とほとんど同じ話が『宇治拾遺物語《うじしゅういものがたり》』巻二第十話

にあります。そして『宇治拾遺物語』の巻十一第二話には、「今は昔、丹後守保昌《たんごのかみやすまさ》の弟に、兵衛尉《ひやうゑのじよう》にて冠《かうぶり》賜《たまは》りて、保輔《やすすけ》といふ者ありけり。盗人の長《をさ》にてぞありける」と記されています。このような物語の関連性から、袴垂＝保輔という説が生まれたのでしょう。しかし、『宇治拾遺物語』には、保輔は「捕へからめらる事もなくてぞ過ぎにける」とあり、捕縛されたことがないと記述されていますが、袴垂の方は、『今昔物語集』で獄についたことが記されているので、別人と考えた方がよいかもしれません。

そうしますと、平安京にはほぼ同じ時期に、袴垂と藤原保輔という二大盗賊が跋扈《ばつこ》していたことになります。袴垂の生没年はわかりませんが、藤原保昌は天徳《てんとく》二年（九五八）生まれ、長元《ちようげん》九年（一〇三六）没です。つまり、これらの話は十世紀後半から十一世紀初めにかけてのできごとといえましょう。『宇治拾遺物語』にある丹後守となるのは、寛仁《かんにん》四年（一〇二〇）のことです。袴垂との出会いは後の記述に「摂津前司《つのぜんじ》保昌」と出てくることより、保昌が摂津守を終えた頃のことであることがわかります。保昌が摂津守になったのは、いつかは正確にはわかりません。説話に官職が明記されているのが、かえって面白いといえましょう。とにかくこの頃には、平安京は盗賊が横行し、保昌のような兵《つわもの》の道に熟練した人物が望まれた時代であったということが理解できます。

さて、話の続きをみましょう。袴垂は、隙をみせない保昌に、果敢《かかん》にも何度か襲い掛かろうとしますが、やはり成功しません。ついに刀を抜いて走りかかりました。すると、この時ばかりは「何者じゃ」と一喝《いつかつ》されました。それで袴垂は腰を抜かしてしまい、地面に膝をついてしまいます。再度の「何者じゃ」という問いに、なんとか「追剥《おいは》ぎでござる。通り名を袴垂と申します」と答えました。すると、保昌は、「然《し》か云《いふ》者、世に有《あり》とは聞くぞ。差《さし》ふし気《げ》に希有《けう》の奴かな。共に詣来《まうでこ》」と言葉をかけて、再び笛を吹いてもとのごとく歩き出したのです。

保昌の格好よさはともかくとして、「然《し》か云《いふ》者、世に有《あり》とは聞くぞ」という保昌の発言は重要です。保昌の父は藤原致忠《むねただ》で祖父は大納言元方《もとかた》、母は醍醐天皇の皇子源允明《みつあきら》の娘です。つまり保昌は中級貴族の家に生まれた人といえます。袴垂は庶民を騒がせていただけでなく、貴族階級にまで名の知られた盗賊であったということになります。袴垂は「盗人の大将軍」と記されています。しかし、この話では保昌の衣服を単独で奪うという、いささかスケールの小さな行為しか描かれていません。どうしてでしょうか。

古代の盗賊

その理由は、古代と現代の貨幣流通の程度に雲泥《うんでい》の差があることにあります。たとえば、現代では強盗の常套《じょうとう》文句は「金目《かねめ》のものを出せ」というところですが、平安時代ではどのように脅《おど》したのでしょうか。金属貨幣たる銭貨《せんか》は、和同開珎《わどうかいちん》以来すでに発行されてはいましたが、都以外ではそれほど流通していませんでした。不動産売買はともかく、支払い用の貨幣としては、米・布・馬などの現物が一般的だったのです。発行された銭貨の量もそれほど多かったとは思われません。

銭貨は、私たちが想像する以上に大量の発行数をもたなければ、とても日常の用を足しえません。一万枚や百万枚程度では記念コイン以上の意味合いは持ち得ないのです。たとえば、平安京の人口を二〇万人としましょう。仮に一〇〇万枚の銭貨を鋳造・発行しても、一人当たり五枚しか手にはいりません。一〇〇〇万枚でも五〇枚です。一億枚でもわずか五〇〇枚です。その程度の分量の銭貨ですと、何回か使うと手元には残らなくなります。実際は何枚の発行数だったかはわかりませんが、その後の歴史において、日本が銅銭を造ることを放棄して、中国からの輸入銭貨に頼った時期が長かったことを考えますと、平安時代にはそれほど多くは鋳造されていないと考えざるをえません。どれくらい発行すれば人の目に触れ、日常の使用に耐えるかは、現代でも二千円札の使用頻度《ひんど》を考えれば、ある程度は予測がつくのではないでしょうか。

ですから、路上での強盗は、目星《めぼし》をつけた人物がお金を持っているとは、基本的には考えていなかったはずです。特に庶民はそれほど豊かではありませんから、襲ってもそれほどの実入《みい》りはありません。また、お金持ちと思われる貴族の場合も、貴族が自身で支払うための銭貨を身につけているわけはなく、銭貨を奪うために強盗に出ることは意味をなしません。そうしますと、この話のように、直接身につけている衣《ころも》などを奪うことが目的となります。「命がほしければ、身包《みぐる》み脱いでおいてゆけ」という言葉がありますが、身体につけている現物すべてを奪うことが、強奪であり、追剥ぐという行為だったのでしょう。

つぎに、邸宅を襲う盗賊のことも考えてみましょう。平安時代は今ほど住宅の警備が厳しくなかったはずです。もし厳しければ光源氏や色好《いろごの》みの貴族たちが、お目当ての姫君のもとに夜這《よば》いすることは叶《かな》わなかったことになります。彼らがたやすく女性の邸宅に侵入できたのは、女房《にょうぼう》たちの手引きもあったからでしょうが、貴族の邸宅が基本的に進入しやすい構造になっていたからです。

江戸時代でも豪商の屋敷よりも、大名屋敷のほうが侵入しやすかったと言います。それはそうでしょう。ただただ広い屋敷地を数少ない家臣で警備するのは不可能といっても過言《かごん》ではありません。盗賊は、警備の人のいない所を探し出して、そこから進入すればいいわけです。ただし、大名家にもあまり金品は置かれていなかったのではないでしょうか。米が経済の中心でしたから、多くの大名は大坂に米蔵《こめぐら》を持ち、蔵米《くらまい》の換金と管理を札差《ふださし》や両替商《りょうがえしょう》に委託していました。

かんたんに大名経済を述べますと、藩《はん》の収入の多くは領内の年貢米《ねんぐまい》であり、それを販売して藩の公的支出と家臣への給金としていたわけです。そのため年貢米を大坂などの米穀市場で換金し、一部を国許《くにもと》に送り、残りを江戸藩邸に為替《かわせ》送金していたのです。そこに札差や両替商が介在《かいざい》してくるのです。しかし諸藩は幕府の御用や不時の出費が重なり、基本的に赤字経済でした。それゆえ、現金がまったくないわけではありませんが、大名屋敷に忍び込んでも、期待するほどの成果はあげられなかったことと思います。

　平安時代の貴族の経済は、それに比べると豊かでした。しかし、収入源が地方の生産物に依拠《いきょ》していたという点では、江戸時代の大名と同じです。荘園や領地からあがる税が経済の基本です。それは原則として現物税であり、銭貨ではありません。ですから、貴族の邸宅に忍び込むのは簡単ですが、軽貨たる銭貨を盗み出すことはあまり現実としてはなかったと考えるべきでしょう。邸宅内の蔵にあるのは、錦《にしき》や綾《あや》などの繊維類、米穀、工芸品などだったと思われます。つまり、単独で盗みにはいっても米俵一俵運ぶのは、肉体的に相当つらいものがあったでしょう。かといって、よほど盗品のさばき方が上手《うま》くできなければ、工芸品は足がつきやすい。比較的、軽くて捌《さば》きやすいのは、やはり繊維製品だったのではないでしょうか。

盗人と武人

　さて、物語は藤原保昌の豪胆《ごうたん》さということで結末をみます。「共に詣来《まうでこ》」という保昌の言葉に従って、袴垂は保昌の後について行きました。着いたところは保昌の邸宅でした。保昌は綿の厚く入った着物を袴垂に与えて、「今よりも此様《かやう》の要有らむ時は、参《まゐ》て申せ」と忠告します。袴垂は、かの人物はいったい誰であろうと調べると、摂津前司保昌であることを知り、「奇異《あさまし》くむくつけく怖《おそろ》しかりし人の有様かな」と怖がりました。

『今昔物語集』の著者は、保昌のことを「此の保昌朝臣は家を継《つぎ》たる兵《つはもの》にも非ず」「家の兵にも不劣《おとらず》として心太く、手聞《てき》き、強力にして、思量《おもばかり》の有る事も微妙《みめう》」な人物と評しています。先祖以来の武人の家柄ではないという件は別にしまして、後半の人物評は、冒頭の袴垂の人物評とほぼ同じであることに気づきます。

　これはどういうことでしょう。袴垂（盗賊）と保昌（武人）が同じ評価というのは。悪と正義が同じ位相《いそう》にあるという感覚は庶民のものでしょうか、それとも貴族・官人層のものでしょうか。疑問は尽きません。そこで、もう一つ、袴垂の物語を見ることにしましょう。『今昔物語集』巻二十九第十九「袴垂於関山虚《はかまだれせきやまにしてそら》死殺人語《じにをしてひとをころすこと》」の話です。

今昔、袴垂と云ふ盗人有けり。盗《ぬすみ》を以て業《なりはひ》として有ければ、被捕《とらへられ》て獄《ひとや》に被禁《いましめられ》たりけるが、大赦に被《はら》掃《はれ》て出《いで》にけるが、可立寄《たちよるべ》き所も無く、可為《すべ》き方も不思《おぼえ》ざりければ、関山《せきやま》に行て、露《つゆ》、身に懸たる物も無く裸にて、虚死《そらじに》をして路辺《みちのほとり》に臥せりければ、路《み》ち行き違ふ者共、此れを見て、「此《こ》は何《いか》にして死《しに》たる者にか有らむ。疵《きず》も無きは」と見繚《あつか》ひ云ひ喤《ののしり》ける程に、吉《よ》き馬に乗たる兵《つはもの》の、調度を負《おひ》て数《あまた》の郎等《らうどう》眷《くわん》属《ぞく》を具《ぐし》て京の方より来たりけるが、此《か》く人の多く立約《たちもとほり》て物を見るを見て、馬を急《き》と留めて、従者を寄せて、「彼《か》れは何《な》にを見るぞ」と見せければ、従者走り寄《より》て見て、「疵も無き死人《しにん》の候《さぶら》ふ也」と云《いひ》ければ、主《あるじ》然《し》か聞くま丶に、引組《ひきくみ》て弓を取り直して、馬を押去《おしのけ》て、死人の有る方に目を懸《かけ》て過《すぎ》ければ、此れを見る人、手を叩《たたき》て咲《わら》ひけり。「然許《さばかり》郎等眷属を具したる兵の、死人に会《あひ》て心地涼《さが》すは極《いみじ》き武者かな」丶ど、咲ひ嘲《あざ》けりける程に、武者は過て行《ゆき》にけり。

袴垂もなにかのきっかけで捕らえられて獄に就《つ》いていたことがわかります。ところが、大赦《たいしゃ》があって、袴垂は世に出てきました。しかし、これといって立ち寄ることができる家もなければ、取り立ててなにをしようという気もおきません。なんの当てもないまま関山《せきやま》に行き、裸になって道に寝転《ねころ》んでいました。道行く人は「この者はどのようにして死んだのだろうか。傷があるようにはみえないけれど」と不審がりました。

袴垂は死んだ振りをしていたわけです。そこに調度品を多く持ち、一族郎党《ろうとう》を引き連れた騎馬武者が通りかかります。武者は従者に様子を見させ、傷なき死人との報告を受けると、弓を持ち直し、注意深く袴垂を監視しながら通り過ぎてゆきました。これを見ていた人々は武者の臆病《おくびょう》振《ぶ》りを笑ったわけです。

しかし、その武者の注意深さは実は正しかったのです。

その後に、一人の武者が不用意に袴垂に近づいて、馬から引き落とされて、自分の差していた刀で刺し殺されてしまいます。

恐怖の盗賊団

ここまでは、袴垂の単独行動です。私たちは、獄から放たれて着るものも無い孤独な盗賊をイメージしていましたが、実はそうではありませんでした。

然て其の水旱袴《すいかんはかま》を曳剥《ひきはぎ》て打着《うちき》て、弓胡録《やなぐひ》を取て掻負《かきおひ》て、其の馬に這乗《はひのり》て、飛ぶが如くに東様《ひむがしざま》に行∽けるに、同様《おなじやう》に被掃《はらはれ》て裸なる者共十、二十人許《ばかり》、云契《いひちぎり》たりければ、末に来《きた》り会《あひ》たりけるを共人《ともびと》として、道に会ふ者の水旱袴馬などを取り、弓箭・兵杖《ひやうぢやう》を多く奪取《はひとり》て、其の裸なる者共に着せ、兵具《ひやうぐ》を調へ馬に乗せて、郎等二三十人具したる者にてぞ下《くだり》ければ、会ふ敵《かたき》無き者にてぞ有ける。

袴垂は殺した武者の水旱袴《すいかんばかま》を身につけて、奪った弓・胡録《やなぐい》も背負い、馬に乗って東国《とうごく》を目指します。すると、同じように大赦で放免された仲間が十人、二十人と追いついてきて、道々で出会った人の水旱袴や弓・胡録を奪い取り、ついには郎党二、三十人を従える無敵の集団となったということです。

いったんは獄につながれても、外の世界に出るや否《いな》や、徒手空拳《としゅくうけん》であっというまに武装し、仲間を増やし、盗賊団を結成してしまうのです。まさに盗人の大将軍・袴垂の面目躍如《めんもくやくじょ》たる姿が描かれているといえましょう。そして、ここでも奪われているのは銭貨ではなく、衣類・武具という現物であることに注目したいものです。

図3　覆面の男たち

裸で死んだように横たわった袴垂の傍《かたわ》らを通りかかった旅人はほかにも大勢いたはずです。しかし袴垂に殺され身包《みぐる》み剥《は》がされたのは武者でした。庶民は、横たわる死人に興味はもちますが、恐怖心もあり、危険エリアには入り込まないのでしょう。また、袴垂のほうも、さして奪い甲斐のなさそうな庶民は無視していたのではないでしょうか。いずれにせよ、ここでも盗人対武者の関わりが強調されているのが面白いですね。

両者の共通点はなんでしょうか？　一つには、双方ともに職業的に武具を必要とします。そして貴族を間に挟《はさ》んで、盗賊は貴族を襲い、武者は貴族を護る立場にあります。つまりマイナスとプラスの違いはあるものの、両者は武力をもって、貴族から等距離に位置づけられる存在だといえましょう。

そして、この三者の関係を客観的に眺めているのは、貴族ではなく、富も武力ももたない庶民だったのではないでしょうか。死んだ振りをした袴垂に近づくのは、武者だけでした。注意深く通り過ぎるのも、不用意に近づいて殺されるのも、ともに武者でした。庶民は、最初からそのような怪しい人間には近づかないのです。それが弱い者の知恵です。

もちろん、これが自分の近所であれば別でしょう。行き倒れていないか、怪我をしていないか、病気なのか。近所の者を連れてきて心配することもあるでしょう。しかし、このような山の関所にあたるような場所で、裸の人間が横たわっているという状況自体が変です。盗賊が出てもおかしくない山の関所。裸の人間。このどちら一つでも異常な状況です。それが二つも重なっている。命の儚《はかな》さを知っている庶民は、その儚い自分の命を護るためには、怪しいものには近づかないのです。

ここで実際の記録にみえる盗賊団の動向を少しだけみることにしましょう。

寛弘七年五月十三日　右京権大夫《うきょうごんのだいぶ》が法興院《ほうこういん》において殺害される（『御堂関白記』）

保安元年五月十三日　二十歳あまりの女性が七条辺りで窃盗の凶刃《きょうじん》にかかる（『中右記』）

万寿元年十二月八日　昨夜、華山院《かざんいん》女王が盗人に殺害され、路上で死に、夜中に犬に食われる（『小右記』）

このように物品を盗まれるだけではなく、命までとられてしまう事件が相次《あいつ》いでいました。『小右記』寛仁三年（一〇一九）四月五日と六日の記事が、当時の平安京の危険な有り様を表して余りあります。

> 五日、壬辰、（中略）去る今夜の焼亡は皆盗人の所為《しょい》なりと云々。又、去る月の晦《みそか》ころ、雨夜に四条の小人宅が焼亡せしも、常陸介《ひたちのすけ》（藤原）惟通《これみち》の旧妻宅も、群盗の付火《つけび》にして、惟通の女は焼き殺されぬ。当時已《すで》に憲法《けんぽう》無し。万人膝を抱えて天を仰ぐ。
> 六日、癸巳、京中処々、昼夜を論ぜず、火あり。皆是《これ》、盗賊の所為なり。憲法無きの致《いた》す所なり。昨日、卿相参会し、入道殿《にゅうどうどの》の次に嘆息するのみ。四条大納言、条々夜行《やぎょう》行《おこな》はるべきなり。余云く、道守舎《ちもりのや》を造り、保々《ほほ》の令《うながし》に仰《おほ》せて宿直《とのい》せしむること、尤も佳《よ》かるべし。

袴垂の話はいささかのんびりしたムードもなきにしもあらずでしたが、貴族の日記にみえる盗賊団の振る舞いは、残忍・極悪としか言い様がありません。放火・強盗・殺人ときては、貴族たちも捨て置くわけにはいきません。いつ自分たちも犠牲にならないとは限らないからです。夜警巡邏《じゅんら》を主張する人もいれば、『小右記』の著者藤原実資《さねすけ》のように、道守舎《ちもりのや》という交番とガードマンの詰《つ》め所の中間のような施設の設置を説く人もいました。しかし、現実は「当時已に憲法無し。万人膝を抱へ天を仰ぐ」のみという実資の歎きに表されるような状況であったということです。

社会悪の発生理由

では、どうしてこれほどまでに盗賊・群盗が跋扈《ばっこ》するようになってしまったのでしょうか。平安時代にだけ、悪心を抱いた人が多く誕生したとは思えません。そこには社会的な問題が胚胎《はいたい》しているのではないでしょうか。

『小右記』治安《じあん》三年（一〇二三）十二月二十三日、丹波守資業《たんばのかみすけなり》の留守宅へ、深夜、騎馬の群盗十余人が突如来襲し、家に火を放つという事件が起きました。ところが家人たちは、これを事件とはせずに失火であるとして、訴えることを拒みました。なぜでしょうか。

実は、これは群盗による襲撃ではなく、国守資業の暴政に反発した在地の人々の抵抗活動だったのです。それゆえ、家人たちは主人の悪政が世間の明るみに出ると、出世の妨げになるのではないかと恐れて、事件をうやむやに終わらせようとしたのでした。やはり実資が「抑《いささか》も洛中も坂東《ばんどう》に異ならず。朝憲《ていけん》誰人《たれ》か之を憑《たの》まむや。仏王経の説く所、毫釐《がうり》も相違すること無きか」と嘆息しています。

たいへん単純な話ではないかと思います。中央の貴族たちは、収入は気にするけれど政治にはさほど関心がありません。つまり自分の荘園の動静については常に気を配っているけれど、地方政治などには関心はなく、庶民が生きようが死のうが関係ないという気持ちでいます。たとえば、蔭位《おんい》の制というものがあります。これは自分に無能な後継者が生まれても、最低保証されるように、貴族の子孫に一定年齢がくると、親の最高官位に従って、子孫はそれなりの位階に就《つ》けるという制度です。ここには、政治をよくするために、有能な官僚を採用しようという姿勢は全く見られません。ただただ自分の家の財産の維持だけが念頭に置かれています。

また、遙任国司《ようにんこくし》というものもあります。貴族・官人たちが、地方の国司に任じられた時、田舎を嫌って赴任せず、公解稲《くげとう》の配分等を俸禄《ほうろく》として受け取る仕組みです。赴任しないのですから、当然、執務もするはずがありません。現在では、県知事に任命されながら、東京の自宅で給料だけもらうということになります。親王任国《しんのうにんごく》などは、この遙任を前提として設置されたものです。

現任の国司が赴任しなければ、地方政治は国衙《こくが》にいる地方豪族たちの好き勝手に行うことができます。すべてではないでしょうが、監督官がいないわけですから、国衙官人たちは不正を働いても、すべて許されることになります。彼らが民衆にいかに圧政を強《し》いたり、高額な税を要求しても、中央に定められた税さえ納めておけば、誰からも文句をいわれることがないわけです。

地方の悪政は、民衆を疲弊《ひへい》させます。税を払えず、生活が立ち行かなくなった人々は国を離れ、ある者は行き倒れ、ある者は都に行き、そしてある者は盗賊となっていったことでしょう。つまり社会悪の発生は、まさにこのような政策担当者の無責任な振る舞いが原因となっている面が少なからずあるといえるのです。これは平安時代に限ったことではないと思います。

善政を敷いた尾張守

悪政による地方の乱れとは逆の話も『今昔物語集』にはみえます。巻二十八第四話「尾張守《おわりのかみ》□五節所語《ごせちどころのこと》」です。名前は不明ですが、一人の不遇な官人がいました。彼はようやくのことで尾張守に就任します。そして一生懸命に仕事に打ち込むのです。

> 今昔、□天皇の御代《みよ》に、□の□と云ふ者有けり。年来《としごろ》、旧受領《ふるじゆりやう》にて、官《つかさ》も不成《ならで》沈み居《ゐ》たりける程に、辛《から》くし尾張の守に被成《なされ》たりければ、喜び乍《なが》ら任国に忩《いそ》ぎ下《くだり》たりけるに、国皆亡《ほろ》びて田畠《でんばく》作る事も露《つゆ》無かりければ、此《こ》の守《かみ》本《もと》より心直《こころうるはし》くして、身の弁《わきまへ》なども有《あり》ければ、前々《さきざき》の国をも吉《よ》く政《まつりごち》ければ、此の国に始めて下《くだり》て後、国の事を吉く政ければ、国只国にし福《とま》して、隣《となり》の国の百姓《ひやくせい》雲の如くに集り来て、丘山《をかやま》とも不云《いはず》、田畠《でんばく》に崩し作《つくり》ければ、二年が内に吉き国に成にけり。

ようやく就任した尾張守でしたから、彼は大喜びで任国に下ります。ところが、国はすっかり荒廃、田畑が耕された形跡もありません。これは前任の尾張守が地方政治をないがしろにした結果でしょう。普通ならばがっかりするところですが、彼は素直な性格で、私利私欲の無い人でしたから、以前歴任した国でもそうしたように、ここ尾張国でも善政を敷きました。善政を敷けば、自然と荒れはてていた国もよみがえり、隣国からも人が集り、いっそう国が富むわけです。彼が赴任してきて二年のうちに、尾張国はよい国になったということです。

現実にはそれほど簡単にうまくゆくわけではないでしょうが、このような国では、当然、盗賊も少ないのではないでしょうか。今も昔も、社会が不安定になると、制度を変えようとします。しかしこの尾張守が行ったことは新規のことでも、独創的なことでもありませんでした。ただただ、まじめに職務をこなしただけです。つまり、それまでの尾張守とかれとの違いは、「善政」つまりまじめに政務をみるということに尽きます。制度や方法が悪いのではなく、実行する側の人間の問題なのでしょう。

実資たちが怖がり「憲法無し」と嘆息する社会は、社会が悪いのではなく、社会を悪くする為政者《いせいしゃ》たちの問題といえます。言い換えれば、盗賊の多発ということは、為政者の徳性《とくせい》の多少に関わる要因が意外と大きいということになります。

第二節　検非違使の実態

古代の警察機構

その都市が都会であればあるほど、犯罪は多く発生します。現代でも東京や大阪といった大都市でたくさんの犯罪事件が起こっているのと、現象的に同じことだといえるでしょう。都市に犯罪が多いのは、たくさんの流入者がいるためであることは、前節で述べた通りです。その犯罪を取り締まるのが、警察機構です。

平安京にはさまざまな警察機構が存在しました。まず、六衛府《りくえふ》という警備組織がありました。次に京内の治安のための京職《きょうしき》という役所も存在しました。さらに弾正台《だんじょうだい》といって、官人の綱紀粛正《こうきしゅくせい》・非違摘発《ひいてきはつ》にあたる機関もありました。

六衛府とは、左右近衛府《このえふ》・左右衛門府《えもんふ》・左右兵衛府《ひょうえふ》の総称です。近衛府は平安宮の警固や行幸《ぎょうこう》の警備を担当していました。今でいうところの皇宮《こうぐう》警察のような存在です。ですから、一般の都人《みやこびと》の刑事事件にはあまり関わらない機関といえましょう。次に衛門府は、もと衛士府《えじふ》と呼ばれたように、諸国の軍団から上京してきた衛士《えじ》を統括した機関で、主として宮城諸門の警衛・開閉、出入りの監察を担当しました。最後に兵衛府は、六位から八位の中央官人の嫡子《ちゃくし》や郡司《ぐんじ》の子弟から選抜された兵衛《ひょうえ》を統率する機関で、やはり宮城内の諸門の警備、巡検や行幸の際の警護を任務としました。

こうして見てきますと、六衛府は天皇の居住する区域と政務が行われる空間である宮城《きゅうじょう》を警護するための警察機構であることがわかります。しかし、宮城は平安京の中のほんの一区画にすぎません。そしてそこには天皇を始めとするごく一部の人たちしか住んでいないのです。貴族も官人も庶民も含めて、住民の多くは宮城外で生活しているのです。当然、犯罪も宮城外で発生することが多いはずです。

では、肝心の宮城外の警察業務はどこが担当していたのでしょうか。それは基本的に京職《きょうしき》でした。職員《しきいん》令《りょう》66左京職に規定されている京職の職務は、

左京職 右京職も此に准へよ。司一を管ぶ
大夫《だいぶ》一人 掌らむこと、左京の戸口名籍、百姓の字養、所部の糺察、貢挙、孝義、田宅、雑徭、良賤、訴訟、市廛、度量、倉廩、租調、兵士、器仗、道橋、過所、闌遺の雑物、僧尼の名籍の事、亮《すけ》一人、大進《だいじょう》一人、少進二人、大属《だいさかん》一人、少属二人、坊《ぼう》令《れい》十二人、使部《しぶ》卅人、直丁二人。

とあります。そのうちの「糺察所部」が警察業務に相当します。そのうえ、京職には兵士も配属されていて、彼らの警察的任務が予想されます。また、京職の下部組織として坊令《ぼうれい》・坊長《ぼうちょう》がいますが、坊令は「督察奸非」を職務とされていました。これも警察業務でしょう。

さらに、いささか同情すべき規定があります。それは賊盗律《ぞくとうりつ》54部内条です。

凡そ部内《ぶない》に一人盗《ぬすみ》し、及び盗者《ぬすびと》を容止《ようし》せること有らば、里長《りちょう》、笞《ち》卌。坊令・坊長も亦同じ。三人に一等を加へよ。郡《こほり》の内は、一人に笞廿。四人に一等を加へよ。部界の内に、盗発り、及び人を殺せること有らば、一処は一人を以て論せよ。人を殺せらば、仍りて強盗の法に同じ。国は管《す》べたる所の郡《こほり》の多少に随ふて、通計《つうけ》して罪《つみ》せよ。各罪止徒《ざいしづ》二年半。（後略）

これによりますと、部内に盗賊が発生すると、坊令・坊長が処罰されるというのです。他人の犯した罪で、部内の管理者という立場にあるからといって、罰を受けさせられるというのはたまったものではありません。

図4　検非違使の一行

しかし規定は実行されます。坊令・坊長にしてみれば、なんとか自分の部内から犯罪を出さないように努力しないわけにはまいりません。自然、部内の見回りなどを行ったことでしょう。

検非違使の誕生

しかし、京職とその下部組織が警察業務を担当することは、現実問題として限界がありました。現在、司法・行政・立法の三権が分立している状況をみてもわかりますように、それぞれの業務は独立してさえ、なかなかにこなしきれないほどの仕事量があります。たとえば、平安京の前の長岡京ですでに京職の業務に無理が生じている状況が見て取れます。

延暦三年十月丁酉に出された勅を見ることにしましょう（『続日本紀』）。

勅《みことのり》して曰《のたま》はく、如聞《きくな》らく、「此来《このころ》、京中の盗賊いよいよ多し。物を街路に掠《かす》め、火を人家に放たん」と。ややもすれば、職司《しきし》の粛清すること能《あた》はざらんによりて、彼の凶賊をして茲《こ》の賊害を生《な》さしむ。自今以後、よろしく隣《りん》保《ぼ》を作《な》し、非違を検察せしめんこと、一《いつ》に令条《りやうでう》の如くすべし。

京中の盗賊の多発を京職・市司《いちのつかさ》の能力不足として、より一層の隣保組織の強化をはかるように指示しています。しかし、これはあまり現実的対応とはいえません。いってみれば、警察の能力にあまるから、地域は共同体的紐帯《ちゅうたい》を堅固にして犯罪を未然に回避しなさい、ということでしょう。早い話、具体的な国家的な対処はなく、住民に「しっかり防犯に努力しなさい」と掛け声をかけているだけです。逆に考えますと、長岡京や平安京初期の段階では、警察業務の基本的担当者が京職に限られていたことが確認できます。

しかし、京職の業務は警察業務だけではありません。そのほかにもたくさんの業務をかかえていました。特に戸口名籍《ここうみょうぜき》という住民登録業務がたいへんだったと思われます。長岡京の短い期間に、平城京からの移転住民の登録をしなければならず、その他にも、住民税の計算から始まり、住民のライフラインである東西の市の管理など、早急にこなさなければならない仕事が山積みだったことでしょう。さらに平安京への遷都《せんと》です。戸口名籍の業務だけでパニック状態だったことは想像に難《かた》くありません。

そうした結果、警察業務専門の機関がどうしても必要とされました。それが検非違使《けびいし》の誕生です。現在の研究では、検非違使の誕生は弘仁《こうにん》年間（八一〇～八二三）とされています。これは、嘉祥《かしょう》三年（八五〇）十一月己卯に亡くなった興世書主《おきよのふみぬし》の卒伝《そつでん》に、「(弘仁) 七年二月、転じて左衛門大尉《だいじょう》と為《な》り、検非違使の事を兼行《けんこう》す」と記されていることを根拠にしています。興世書主が弘仁七年に検非違使の業務を兼務している以上、検非違使は弘仁七年以前に成立していなければならないわけです。

ところが、弘仁年間のことを記しているはずの『日本後紀《にほんこうき》』は記事の散佚《さんいつ》がはなはだしく、残念ながら成立の事情について詳しいことは不明なのです。また各役所の職務を規定した『延喜式《えんぎしき》』にも検非違使式が脱落しているので、検非違使の実態が、よけいにわかりにくくなっています。ですが『日本後紀』の記事を見ますと、承和《じょうわ》五年（八三八）二月十二日に、左右衛門府の府生《ふしょう》と看督長《かどのおさ》等が奸盗を捕らえるために、業務区域を越えて畿内諸国に派遣されたり、承和七年には六衛府が京中の窃盗犯を捜索・捕縛のために分遣されたりと、これまでとは異なる警察態勢が築かれたことが史料から窺《うかが》えるようになります。

そして天安《てんあん》元年（八五七）三月十六日条には「左右近衛・左右兵衛及び検非違使・左右馬寮《めりよう》を京南に遣わして、群盗を捕らえしめる」という記事がみられるようになります。ごく大雑把《おおざつぱ》に申しますと、延暦十三年（七九四）に平安京に遷都して、二十年ほどで警察業務は京職だけで立ち行かなくなり、六衛府の応援を要請すると同時に、専門職である検非違使の成立を見たというところでしょう。

そのため、検非違使は左右衛門府から派遣されています。それは検非違使に関する規定が『弘仁式』の衛門府式に記されていることからもわかります。そこには「凡《およ》そ右京の非違を検校《けんこう》するは、官人一人、府生一人、火長《くわちやう》五人二人は看督長、二人は官人に従ひ、一人は府生に従ふ。」とあり、左右京あわせて、官人二人、府生二人、火長十人で検非違使が構成されていたことがわかります。六衛府の中でも、衛門府は宮城の外側と接する諸門の警衛《けいえい》についていた関係から、京中警備を担当する検非違使を派遣するようになったのではないでしょうか。つまり、検非違使は最初から完全に独立した組織ではなく、衛門府の官人の中から専当官《せんとうかん》が選ばれ、検非違使を組織していたと考えるべきなのです。

盗人を捕らえて見れば

いずれにしましても、盗賊の横行に対処するために専門職として設けられた検非違使なのですが、『今昔物語集』にはとんでもない検非違使の姿が描かれています。

それは、『今昔物語集』巻二十九第十五話「検非違使《けむびゐし》盗糸被見顕語《いとをぬすみてみあらはさるること》」です。

今昔、夏比《なつのころほひ》、検非違使数下辺《あまたしもわたり》に行て、盗人追捕《ついぶ》しけるに、盗人をば捕へて縄付《つけ》てければ、今は可返《かへるべ》きに、□□と云ふ検非違使一人、「疑はしき事尚《なほ》有り」と云《いひ》て、馬より下《おり》て、其の家に入《いり》ぬ。暫許《しばしばかり》有て検非違使出来《いでき》たるを見れば、前《さき》には然《さ》も不見《み》えざりつるに、袴の裾《すそ》の、初《はじめ》よりは複《ふく》よか也《なり》ければ、異検非違使《ことけむびゐし》共皆《みな》目を付《つけ》て、「怪《あや》し」と思けるに、初め此の検非違使の、家へ未《いま》だ不入《いら》ざりける時に、其の調度懸《でうどがけ》の男の、此の家より出来《いでき》て、出来て主《あるじ》の検非違使と私語《ささやき》つるを、「怪し」と思《おほゆ》るに合せて、此《か》く検非違使の袴の複《ふく》らかなれば、異検非違使共の云ひ合せて云ふ様《やう》、「此れは極《いみじ》く心不得《こころえ》ぬ事也。此の事不見顕《みあらはさ》ずは、我等が為《ため》に恥也。此《かく》ては否不止《えやま》じ。構《かま》へて此の検非違使の装束解《とか》せて見む」と謀《はかり》て、「此の捕へたる盗人を川原に将行《ゐてゆき》て問はむ」と云合せて、屏風の裏と云ふ所に将行《ゐてゆき》ぬ。

それは、ある年の夏に起こった出来事でした。下京《しもぎょう》あたりで起こった事件に、検非違使が大勢出動しました。盗人《ぬすびと》も捕まえて、後は引き返すだけという段になって、一人の検非違使が「ちょっとまだ疑わしいことがあるから」と言って、馬から降りて、事件のあった家に戻っていったのです。仲間の検非違使たちも、おかしなことを言う奴だなあと思っていたのでしょう。かの検非違使が戻ってくると、どうも家に入る前と様子が違うのです。入る前はそれほどでなかった袴《はかま》の裾《すそ》がえらく膨らんでいるように見えます。「どうも怪しい」と仲間の検非違使たちは感じました。そういえば、かの検非違使が家に入る前に、彼に随従して武具を持つ役の調度懸《ちょうどがけ》の男が、なにやら彼に囁《ささや》いていました。そのことも怪しいと思っていたところに、膨らんだ袴の裾を見せられては、疑わないわけにはいられません。そこで相談して「これは捨ててはおけないぞ。事の次第をはっきりさせなければ、我々検非違使全体の恥になるかもしれない。どうにかしてあの検非違使の衣服を脱がして、中をあらためよう」となりました。そして「この捕まえた盗人を賀茂川の川原に連れて行き、尋問しようではないか」と持ちかけて、屏風裏という場所に連れてゆきました。

ごく当たり前の盗賊事件が起きて、犯人も捕まえることができて、後は検非違使庁に引きあげるだけの話でした。ところが一人の検非違使の怪しげな行動から、ことは単純に終わらなくなったわけです。この段階で、すでに事件のあった家に引き返した検非違使が、火事場泥棒的行為を行ったであろうことが推測できます。おそらく従者が彼に「家の中にはお宝が放り出されて残されていますよ。あれを懐に入れてしまっても、誰も気付きはしませんよ」と耳打ちしたのでしょう。仲間の検非違使もそれに気付いていました。あにはからんや、まるで見つけてくれといわんばかりに袴を膨らませて彼が戻ってきます。もう他の検非違使たちには事態は呑《の》み込めています。しかし、一応は検非違使仲間ですから、あからさまに「おい、今、家からなにか盗んできただろう」とは尋問できません。そこで一計を案じて、彼を川原に連れて行こうと考えるわけです。

其《そこ》にて盗人を問《とひ》て後、可返《かへるべ》きに、川原にて、「去来《いざ》我等熱きに水浴《みづあみ》む」と一人の検非違使の云ければ、異《こと》検非違使共《ども》は、「糸吉《いとよ》き事也」と云て、皆馬より下《おり》て装束を只解《とき》に解《とき》けるに、此の袴複《ふく》らかしたる検非違使、此れを見て、「此《こ》れ、更に不有《ある》まじき事也。糸便《いとびん》無し。軽々《きやうきやう》に、何《いか》なる検非違使か、川原にて水は浴《あみ》む。馬飼ふ童部《わらはべ》などの様に。穴異様《あなことやう》」と云て、我が装束を解せむと謀《たばか》るを不知《しら》で、只すゞろひにすゞろひて腹立つ気色を、異検非違使共見つゝ目を咋《くは》せつゝ、己等が装束をば只解に解つ。此れが腹立《はらだち》て不《と》解《か》ぬをも、あや憖立《にくだ》つ様にて、只解に解《とか》せつ。

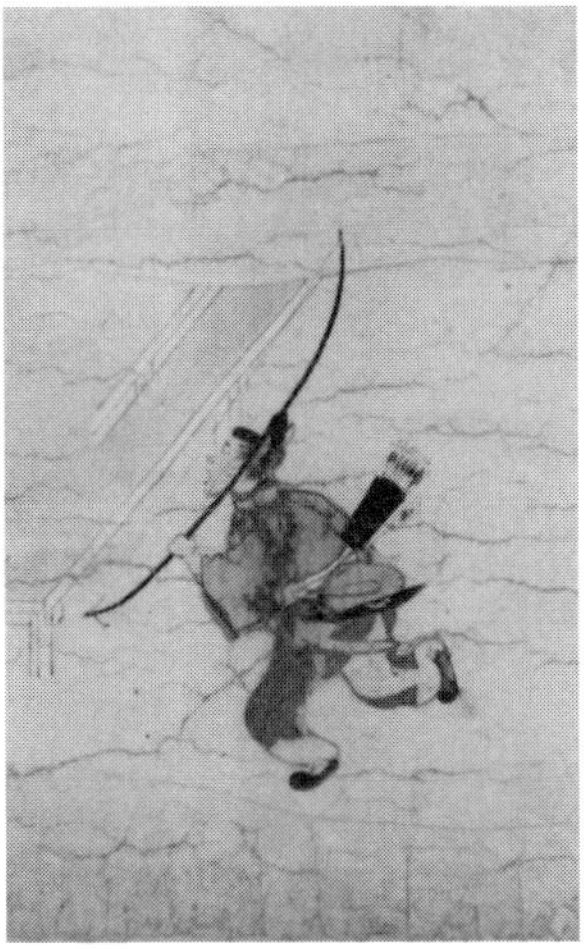
図5　弓を持つ下級官人舎人

さて川原で犯人を尋問した後、普通ならそのまま検非違使庁に帰るところですが、そもそも川原に来た目的は尋問そのものにはありませんでした。突然、一人が「いやあ、暑いなあ。みんなで水浴びでもしないか」と言い出します。すると、待っていたとばかりに、他の検非違使たちも「それはいい」と言って、馬から降りて衣服を脱ぎだします。例の検非違使一人は、この様子を見て、「おいおい、こんなことありえないよ。わけがわからん。検非違使たる者、軽々しく川原で水浴びなどしてよいものか。まるで馬飼いの童子のような振る舞いではないか。おかしいよ」と言います。まだ、自分の衣服を脱がせるための策略だとは気付いていないので、あたふたとして、真剣に腹を立てていました。それを横目でみながら、他の検非違使たちは目配《めくば》せをして、どんどん自分の衣服を脱いでゆきました。そして例の検非違使が腹を立てたまま衣服を脱がないのを、なんだかんだと責め立てて、ついに衣服を脱がせてしまいました。

ところで、検非違使たちが犯人を勝手に尋問するということがありえたのでしょうか。

実は尋問どころか、断罪まで行うことがありました。『今昔物語集』巻二十九第十話「伯《はは》耆国府蔵入盗人被殺語《きのこくふにいるぬすびとところさるること》」で、凶作で飢えた人が国府の傍《そば》の某院の蔵に食物を求めて入り、出られなくなって、捕まるということがありました。たいした罪でもないし、同情すべき点もあるので、人々は追放刑で許してあげればと訴えましたが、国司は「後々の聞こえもあるから」と言って、その場で「蔵の傍《かたはら》に幡物結《はたものゆひ》て張懸《はりかけ》てけり」という結果になりました。つまり、国衙《こくが》に連れて行って、しかるべき裁判をしてからではなく、犯罪現場で磔《はりつけ》の刑に処してしまっているわけです。これは国司の場合ですが、検非違使も同じ権限をもっていたと思われます。

検非違使の裁判権

検非違使の裁判権について、前田禎彦氏の研究に従って簡単にまとめると次のようになります。検非違使の裁判権は、強盗・窃盗の場合とその他の場合で区別されます。まず律令の基本は重罪に関しては刑部省《ぎょうぶしょう》が裁決しました。しかし盗犯のみは刑部省に移送《いそう》せず、検非違使庁《けびいしちょう》で配役《はいやく》することにしていましたが、なかなか判決が決まらず、役所で命を終える罪人もでてきたため、弘仁十三年には刑部省への移送が復活します。ところがなぜか貞観《じょうがん》年間（八五九〜八七六）になると、刑部省への移送手続きが再び廃止され、検非違使別当《べっとう》が直ちに着鈦《ちゃくだ》・配役することになります。そして強盗・窃盗・私鋳銭《しちゅうせん》の場合に限定しますと、検非違使は

図6　裁きの場

律令の裁判制度から独立した裁判システムを持つようになるのです。
そして刑部省の判決活動は十世紀になるとほとんど姿を見せなくなり、罪人は禁獄《きんごく》されたままになり、禁獄そのものが刑罰となってゆきます。その結果、十二世紀には別当の判断のもとに行われる禁獄と佐《すけ》・尉《じょう》・志《さかん》・府生各人が単独で執行しうる「見決《げんけつ》」が検非違使の主たる権限となります。この見決とは、衣服の過差《かさ》などの禁制違反者に対する現場における断罪行為でしたが、次第に検非違使に対する無礼・対捍《たいかん》に対しても執行されるようになります。いわゆる公務執行妨害に対する刑罰と考えてよいでしょう。これは、ある意味、どうとでもできる断罪項目といえるでしょう。

ともかく検非違使のそもそもの設置理由が盗賊の横行に対応するものでしたから、強盗・窃盗等の犯罪に関しては、検非違使はかなり自由裁量が許されていた可能性はあります。法的に許されなくとも、現場主義の原則から、実施されていたとも考えられます。そして、この強引な断罪行為が、検非違使を民衆から乖離《かいり》させた一つの大きな要因といえるでしょう。これについては後述します。

内部告発の行方

さて、衣服を脱がされた検非違使はどうなったでしょうか。また、他の検非違使たちは彼に対してどのような処遇を行ったのでしょうか。

然て□看《かど》の長《おさ》を呼《よび》て、「此の殿原《とのばら》の装束共一具づゝ、浄《きよ》き所に取り置け」と云ければ、□看の長寄《より》て、先づ此の袴複《ふく》らみの検非違使の装束を、莱草《しば》の上に置く程に、袴の扶《くくり》より白き糸の頭《かしら》を紙《かみ》して被裹《つつまれ》たる二三十許《ばかり》、ふたくゝと落したり。検非違使共此れを見て、「彼《あ》れは何ぞ、何ぞ」と集《あつまり》て、目を咋《くは》せて喤《ののし》り問へば、此の袴複《ふく》らましき検非違使、顔の色は朽《くち》し藍《あゐ》の様に成《なり》て、我れにも非ぬ気色して立てり。異《こと》検非違使共、然《さ》こそあや悪立《にくだち》つれども、見るに糸惜《いとほし》かりければ、装束共を取り忩《いそ》ぎ着て、馬に乗て思々《おもひおもひ》に馳散《はせさん》じて逃て去《い》にければ、此の袴複らましき検非違使一人胸病《むねやみ》たる者の顔つきして、我れにも非《あら》で装束打《うち》してぞ馬に乗て馬に被任《まかされ》て返《かへり》にける。

ここで「□看の長」とあるのは、検非違使の下部組織である看督長《かどのおさ》のことです。検非違使たちは、わざと看督長を呼んで、「この殿方たちの衣服を一揃いずつ、清潔な所に置いておくように」と命じます。看督長が近寄って、命じられた通り、最初に例の袴が膨れた検非違使の衣服を雑草の上に置こうとしますと、袴の括《くく》りから、端の方を紙で包んだ白い糸の束が二、三十ばかり、どさどさと落ちました。これを見た検非違使たちは、ことさら「あれはなんだ、なんだ」と集まり、目配せをしながら、大声で尋ねます。予想通りの結果になったわけです。かの袴を膨らませた検非違使は、顔の色を朽ちた藍色《あいいろ》のように青ざめさせて、心ここにあらざる様子で立ち尽《つ》くしていました。悪事が露見して、失神寸前だったのでしょう。他の検非違使たちも、先ほどまではなんとも憎たらしく思っていたのですが、いざとなると、ちょっと可哀想《かわいそう》な気もして、自分の衣服をさっさと着て、馬に乗って思い思いに逃げるように馳せ去ってしまいました。後には例の袴を膨らませた検非違使が、一人で労咳病《ろうがいや》みのような顔つきで、意識もないまま馬に跨《またが》り、馬の歩みに任せて帰ってゆきました。

検非違使たちの作戦は成功して、まんまとかの検非違使の袴から盗品をこぼれ出させたわけです。盗品は白い糸でした。上等な絹糸でしょうか。絹糸は一番貨幣として使いやすい物品です。持ち運びにも便利ですし、盗みやすい品物であるといえましょう。

ここで注目したいのは、仲間の検非違使たちの行動です。一人の検非違使の不正に気付いた彼らは、その犯罪を白日のもとに曝《さら》そうとします。しかし、事が明白になると、やり過ぎたことを反省して姿を消してしまいます。

検非違使の階層的構造は、天安二年（八五八）以降の完成された形で説明しますと、別当（督《かみ》）・佐・尉・志の四等官と、その下部組織としての府生・火長《かちょう》（看督長・案主《あんじゅ》）がいまして、さらにその下に放免《ほうめん》や従者《じゅうしゃ》がいたわけです。堀内和明氏の研究によりますと、これら検非違使のうち、十一世紀後半になるまで尉級官人層は、中下級貴族の受領《ずりょう》への登竜門にすぎず、恒常的に常備された武力を期待できる存在ではなかったということです。そして京中・京辺における追捕《ついぶ》・勘糺《かんきゅう》の主体は志《さかん》・府生クラスの使官人《しかんじん》たちであり、彼らを構成していたのは京周辺の農奴主《のうどしゅ》層つまり地元豪族であったと考えられています。

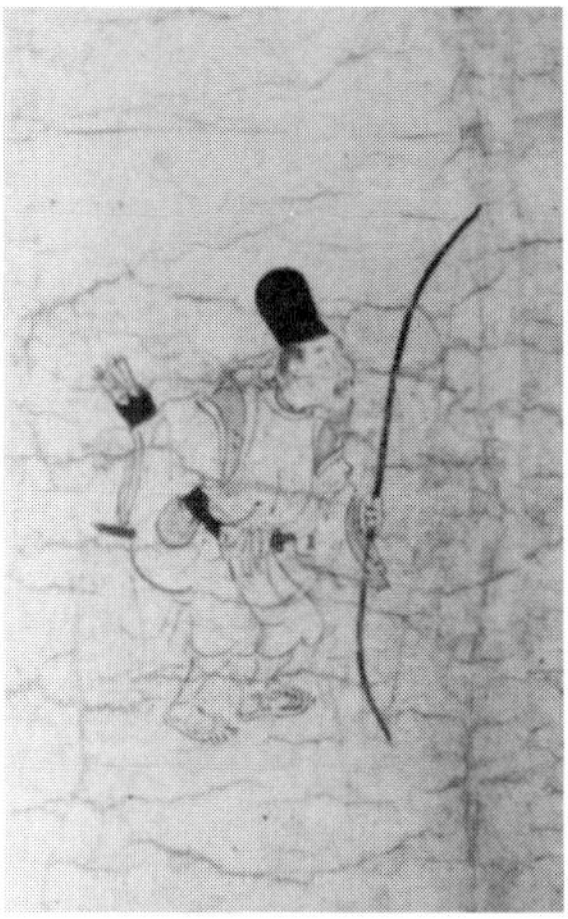
図７　看督長（かどのおさ）

そうしますと、この話で看督長に衣服を整頓させているのも、検非違使の中の志・府生クラスの官人たちであったと考えられます。彼らは基本的に「それぞれ従者・火長が随身して独立した追捕官人の体《てい》をなしており、官人相互に指揮系統の存在を見出すことは困難である」という堀内氏の指摘があります。かんたんに言ってしまいますと、動員はかけられるが、組織的な命令系統のもとに活動しているわけではない、ということになります。もっとひどい場合には、検非違使たちは長官である別当の命令を無視して、摂関家などの権門《けんもん》の指示に従うこともありました。

それゆえこの話でも、不正を働いた検非違使に対して、「此の事不見顕《みあらはさ》ずは、我等が為《ため》に恥《はぢ》也。此《かく》ては否《え》不止《ま》じ」という他の検非違使による発言があります。一見、正義感の現れのような発言に思われますが、実際はどうだったのでしょうか。不正を露見させたところまではよいのですが、いざとなると最後の審判を下せないで、逃げ散ってしまっています。ようするに最後の「悪役」には誰もがなりたくないという気持ちに駆《か》られたのではないでしょうか。正邪を糺《ただ》すことは決して悪《あく》ではないのですが、冷徹に判決を言い渡し、被告を地獄に突き落とす役割は、「悪役」とみなされやすいものです。それだけは避けたいわけです。

しかし、これがきちんとした軍隊のような縦の系列がしっかりした組織ならばどうだったでしょうか。ことがここまで公《おおやけ》になってしまったならば、上級幹部である尉《じょう》や佐《すけ》に申し出さえすれば、処罰は彼らが引き受けてくれるはずです。ところがそうはならず、問題は放置されています。これは、彼らの間では尉や佐・別当に上申《じょうしん》しないで、志・府生間で処理するという慣習があったからではないでしょうか。

放免の立場

検非違使たちが去った後、川原では次のような処理がなされました。置きざりにされた看督長と従者たちの困惑ぶりを感じてください。

然《しか》れば□看《かど》の長《おさ》一人なむ其の糸をば拾取《ひろひとり》て、此の検非違使の従者に取せける。従者も我れにも非ぬ気色にてぞ、糸をば取ける。放免共《はうめんども》此れを見て、己等がどち蜜《ひそか》に私語《ささやき》けるに、「我等が盗《ぬすみ》をして身を徒《いたづら》に成して、此《かか》る者と成《なり》たるは、更に恥にも非ざりけり。此《かか》る事も有けり」と云てぞ、忍《しのび》て咲《わら》ひ合たりける。

検非違使たちが誰もいなくなったので、しかたなく看督長の一人が盗品の糸を拾い上げて、問題の検非違使の従者に渡します。従者もあまりの出来事に呆然《ぼうぜん》として、朦朧《もうろう》とした状態で糸を受け取ります。その様子を見て、放免たちが仲間内で囁《ささや》きあいます。「自分たちが盗みを働いて罪人となり、今のような身の上となっているのも、少しも恥ではないなあ。こんなこともあるのだからさ」と言って、忍び笑いをしあったということです。

看督長は正式な検非違使庁の役人ですから、とりあえず事態を収拾しなければなりません。しかし本来が獄直《ごくちょく》を任務とする看督長なので、処断がましきことはできません。ただし放っておくわけにはいかないので、盗品を従者に渡してしまいます。従者にしても、盗品と露見してしまった糸を受け取るべきか、そうでないのか判断できませんが、意識が朦朧としていたため、つい受け取ってしまいます。

看督長・従者の二者が呆然とした状態であるのに対して、放免《ほうめん》たちは非常に冷静です。放免というのは、一度犯罪を犯し、罪を免じ放たれた人たちの中から選ばれた下役です。放免の仕事は犯人の追捕、護送、処刑、死体処理等でした。彼らがどのようにして選ばれたかはわかりません。ただ、『江談抄《ごうだんしょう》』公事部《くじぶ》によりますと、藤原隆家《たかいえ》が「放免が綾羅錦繍《りょうらきんしゅう》の衣服を着用して、検非違使の共人《ともびと》となっているのは如何なる理由からか」と尋ねたのに対して、藤原斉信《ただのぶ》が「彼らは人に非ざるにゆえに、禁忌《きんき》を憚《はばか》る必要がないのです」と答えているのは、たいへん興味深いことです。

治安を守るべき立場にある放免が「人に非ず」と評されているのです。どこまで斉信の言葉を信用してよいか問題ですが、放免が一部の人たちから軽蔑の念をもって見られていたことは確かでしょう。罪を犯しても、刑に服すれば、再出発が可能です。もちろん以前よりも条件などは悪くなるでしょうが、「人に非ず」とは指弾《しだん》されません。なにゆえ、放免は「人に非ず」と非難されたのでしょうか。

ここで思い出されるのは、江戸時代に火盗改役《かとうあらためやく》の長谷川平蔵こと「鬼平《おにへい》」が使っていた密偵たちのことです。彼らももとは盗賊の一味で、平蔵に捕縛された後、見込まれて密偵となり、火盗改役の下部《しもべ》として働いていました。池波正太郎さんの『鬼平犯科帳』では、彼らは盗賊仲間から「イヌ」と蔑まれ、自身も蔑んでいました。幕府や江戸庶民のために働きながら、蔑まれる存在だったのです。これは、あくまで想像ですが、放免たちも刑に服さず、放免になることで刑を免れた人々だったのかもしれません。

もしそうなら、彼らは常に脛《すね》に疵《きず》をもった精神状態にあったと考えられます。そんな彼らが、自分の上役である検非違使が不正を働き、盗みを犯したという事実を目の前にして、「我等が盗《ぬすみ》をして身を徒《いたづら》に成《な》して、此《かか》る者と成《なり》たるは、更に恥にも非ざりけり」と述べているのは、なんともいえぬ息苦しさを感じます。

この事件は放免たちにとって、社会的矛盾をまざまざと感じさせられた事件だったのではないでしょうか。自分たちは盗みを働いて、今のような放免という、人から蔑《さげす》まれる身に落ちてしまいました。ところが、検非違使たちは盗みを犯しながら、結局はうやむやになって罰せられていません。それどころか、明日からも自分たちは、その検非違使の下で治安維持のために働かなければならないのです。

公権力の矛盾

ですが、このような矛盾に悩む放免がいたとしたら、彼は純粋な人間といわざるをえません。現代社会でも、警察は情報屋といわれる人たちから、犯罪に関わる情報を得ているようです。その情報の代わりに、彼らの小さな犯罪についてはお目こぼしをしていると聞きます。情報屋は、いわば必要悪《あく》なのです。そういった世界の人たちは、警察の不正についても知っていることでしょう。新聞でも、しばしば現職警察官の不正・犯罪の記事を見受けます。私たちは、その記事を驚きをもって読み、世も末だと歎きます。しかし表と裏の世界の狭間《はざま》で生活している人たちにとっては、案外、当たり前のことなのかもしれません。警察機構も手を汚しているのだから、自分たちだって、ある程度までなら許されて当然だと考えて、小さな犯罪の免罪符としているのではないでしょうか。

『小右記』長和三年（一〇一四）四月二十一日の記事を見ますと、次のような事件が京中で起こっていました。

使庁《しちやう》の狼藉《らうぜき》、今時にしかず。看督長《かどのおさ》・放免《はうめん》等、京中を横行し、市女笠《いちめがさ》を切る。又別当《べつたう》の舎人《とねり》等も同じく切ると云々。市女笠は禁制の物に非ず。たとい禁物と雖《いへど》も、看督長・放免・別当下人の破却するは、太《はなは》だ奇恠なり。

前田禎彦氏は、この超法規的できごとを現実的に見据《みす》えて、「看督長・放免は京中に最も深く根差し、都市住民の日常生活と関わりをもった者たちで、その彼らが恣意的に行う〈見決〉は、検非違使庁の権威をより深く京中に浸透させる意味合いをもっていた」と積極的に評価されました。

しかし、もっと単純な見方もあるはずです。看督長と放免たちは、自分の上役の検非違使の強引な「見決《げんけつ》」をよく知っているし、実際に立ち会っているわけです。それを真似《まね》ただけではないでしょうか。市女笠《いちめがさ》が禁制か禁制でないかは問題ではないのです。放免たちは、自分も警察権力の一端に属していて、庶民を断罪する立場にあるのだぞ、と威張《いば》り散らしてみたかっただけのことのような気がします。検非違使の盗みが発生した時点で、放免たちの犯罪は予定されていたともいえるでしょう。

そして、このようなことが起こるのは、看督長・放免の監督官たる検非違使の機構そのものが乱れてきている証拠なのです。上の乱れはすぐに下に波及するのです。十二世紀になると、検非違使に代わって武士が治安組織として登場してきます。組織が成熟し、爛熟すると、腐敗が生じ、役割を果たせなくなります。それを是正《ぜせい》することなく、新しい組織を投入するというかたちで問題を解消したわけです。

第四章　平安京の冥界と霊力

小野篁像

第一節　冥界の往来者・小野篁

六道珍皇寺

毎年、京都では夏のお盆の頃になると、六道詣《ろくどうまい》りが行われます。八月の七・八・九・十日の四日間が盂蘭盆会《うらぼんえ》の日とされ、京都市東山区にある六道珍皇寺《ちんこうじ》では精霊迎《しょうりようむか》えが行われるのです。珍皇寺には小野篁《おののたかむら》の立像と閻魔《えんま》大王の座像が祀《まつ》られています。篁がこの世とあの世を往来したという伝承に基づくものです。平安時代の霊能者として、小説の世界などで近年話題なのが安倍晴明《あべのせいめい》ですが、彼が有名になる前から、京都の人々の中で名前が知られていたのが小野篁なのです。

六道参りの期間には、珍皇寺の門前から境内にかけての参道では、高野槇や経木が売られています。人々はそれを買って、まず経木に戒名などを書いてもらい、本堂前の香炉に線香を供え、その煙を経木や身体につけます。その後、石地蔵の前の水槽に経木を浸し、高野槇か柄杓で水をかけて水回向《みずえこう》をします。そして迎え鐘を撞《つ》いて先祖の霊を呼び寄せて、高野槇の穂先に霊をつけて家に持ち帰るのです。その他にも、お供え用のお餅や七色菓子、茄子・枝豆・大角豆《ささげ》・ほうずき・瓜・里芋・薩摩芋の七種の野菜売られています。なかでも幽霊飴《ゆうれいあめ》は、六道さんならではの商品といえます。これは別に平安時代から売られていたという物ではありませんが、なかなか雰囲気のあるネーミングをもった飴ではありませんか。実は幽霊飴は、日本の各地にかなり広い範囲で伝承されている飴です。

妊娠した女性が死亡して、墓の中で赤ん坊を出産。自分は死んでいるので母乳が出ません。そこでお店に

図1　六道珍皇寺

飴を買いに来て、それを赤ん坊にふくませて、育てていたところ、不審に思った店の主人が、お寺のお坊さんに相談して、墓から赤ん坊を見つけ出す、というお話です。死者が土葬されていた時代だからこそ成り立つ話です。直接は関係しませんが、墓から生還した赤ん坊と、冥界《めいかい》を行き来したと思われている小野篁とは、イメージが多少オーバーラップします。

藤原良相の蘇生

では、このような小野篁の冥官《めいかん》イメージは、どうして生まれたのでしょうか。まず、『今昔物語集』巻二十第四十五話「小《を》野篁依情助西三条大臣語《ののたかむらなさけによりてさいさむでうのおとどをたすくること》」に小野篁《おののたかむら》の冥官説話が記されています。

今昔《いまはむかし》、小野の篁《たかむら》と云ふ人有《あり》。学生《がくしやう》にして有《あり》ける時に、事《こと》有て、公《おほや》け過《とが》を被行《おこなはれ》けるに、其《そ》の時に、西三条《さいさむでう》の大臣《おとど》良相《よしみ》と申ける人、宰相として、事に触《ふれ》て、篁が為に吉《よ》き事を宣《のたま》ひけるを、篁心の中《うち》に、「喜《うれ》し」と思《おもひ》て、年来《としごろ》を経《ふ》る間《あひ》だ、篁宰相に成《なり》ぬ、良相の大臣も大臣に成ぬ。

小野篁がまだ学生の頃に、なにか失敗をしでかして

図2　珍皇寺の迎え鐘

しまうのです。それで公的な処分を受けなければ成らない事態となります。その時に、西三条に邸をかまえていた藤原良相《よしみ》が、宰相を務めていて、事件に関して、篁に好意的な発言をしたわけです。結果がどうなったかは記されていませんが、おそらくは本来の罪よりは軽くすまされたのではないでしょうか。篁は良相の助言を「ありがたい」と感じたまま、特別にお礼を申し述べることもなく、何年かが過ぎます。そうしている間に、篁は宰相になり、良相も大臣に昇進してゆきます。話は二人が出世してから新たな展開をみせます。

篁と良相の最初の出会いは、篁が「学生にして有ける時」とありますから、年譜的には弘仁《こうにん》十三年（八二二）から天長《てんちょう》元年（八二五）までの二年間の間のこととなります。藤原良相は弘仁八年生まれですから、彼が六歳から九歳の頃の出来事となり、まだ篁を廟堂《びょうどう》で援助するというような年齢ではありません。また、良相が大臣になったのも、斉衡《さいこう》四年（八五七）ですから、篁の死後五年後のこととなり、これも年代的には合わない設定です。つまり、このお話は年代設定にこだわっていると、話の本質を見逃してしまうという類いの説話であるということを念頭に置かねばなりません。

而《しか》る間《あひだ》、大臣《おとど》身に重き病を受《うけ》て、日来《ひごろ》を経へて死給《しにたまひ》けり。即《すなはち》、閻魔王《えむまわう》の使《つかひ》の為《ため》に被搦《からめられ》て、閻魔王宮《わうぐう》に至《いたり》て、罪を被定《さだめら》るゝに、閻魔王宮の臣《しん》共の居並《ゐなみ》たる中に、小野篁居《ゐ》たり。大臣此《これ》を見て、「此《こ》は何《いか》なる事にか有らむ」と怪思《あやしびおもひ》て居たる程に、篁笏《しやく》を取て、王に申《まう》さく、「此の日本の大臣は心直《こころうるはし》くして人の為に吉《よ》き者也。今度《このたび》の罪、己《おの》れに免《ゆる》し給《たまは》らむ」と。王此《こ》れを聞て宣《のたま》はく、「此れ極《きはめ》て難《かた》き事也と云へども、申請《まうしこ》ふに依《より》て免《ゆる》し給ふ」と。然《しか》れば、篁此の搦《からめ》たる者に仰《おほ》せ給て、「速可将返《すみやかにゐてかへすべ》し」と行《おこな》へば、将返《ゐてかへ》る、と思ふ程に、活《よみがへ》れり。

其の後、病漸《やうや》く止《とどまり》て、月来《つきごろ》を経《ふ》るに、彼の冥途事極《めいどのこときはめ》て怪《あやし》く思《おもふ》と云へども、人に語る事無し、只《ただ》篁にも問事無《とふことなし》。

突然のことですが、大臣良相が重病に陥《おちい》り、数日にして亡くなってしまうという事件がありました。死亡した良相は、閻魔大王の使いに捉えられて、閻魔王宮に引き連れられて来ます。ここで、良相の生涯を通しての善悪の裁判がなされます。その功罪の多少によって、罪が決定され、最悪の場合は地獄に落とされ、最も良い評価を得れば極楽へ行くことができるのです。

本当に、そのような業罪を裁定するところがあるとしたら、なんと恐ろしいことでしょう。おそらく良相も頭の中ががらっぽになって、びくびくしていたことと思われます。そんな時、自分を取り囲む閻魔王宮の裁判官たちの中に、知り合いの顔を見つけたら、どんなに安心できるかは、想像にかたくありません。人心地がつくといいましょうか、やっと目の焦点があうといった感じでしょう。このときの良相の心境がまさにそうでした。立ち並ぶ裁判官たちの中に、小野篁の姿を見い出したのです。

篁の姿を見つけた良相は、ようやく冷静さを取り戻します。「はて、こんな所に篁がいるというのは、どういうことなのだろう」そんな疑問を抱くことができるほどになります。良相が篁のことを不審に思っていると、篁は閻魔大王に「ここに引き出された日本国の大臣は、心根がまっすぐで、人にも親切な人物です。このたび閻魔王宮に連れてこられた罪がなにかは知りませんが、どうか自分に免じて許してもらえないだろうか」と、とりなしてくれているではありませんか。

篁の進言を聞いた閻魔大王は、「それだけは、たやすく願いを叶えてやれることではない。きわめて困難なことだが、そなたのたっての願いゆえ、今回だけは叶えてつかわそう」と許してくれたのです。篁はすぐに良相を捕縛《ほばく》している者に対して「すみやかに連れ帰りなさい」と命じました。これでもとの世界に連れ戻してもらえるのだ、と思った瞬間に良相は蘇生《そせい》していたのです。

良相は、蘇生した後、病いもしだいによくなり、そのまま数ケ月を経過しました。それにつけても、良相には、あの冥途《めいど》での出来事が、なんとも不可思議でなりません。あれは夢だったのか、それとも現実であったのか。真実を知りたいと思いながらも、知ることもまた恐ろしく、その時の出来事は、けっきょく誰にも語らず、篁に会って確かめるということもあえてしないままにしておきました。

篁と藤原氏の類話

先に年代設定について矛盾があることを指摘しましたが、実は人物設定もそれほど、たしかではないのです。というのも、この話とほぼ同内容のものが『江談抄』第三の三八・三九話に記載されているからです。三八話は篁と中納言藤原高藤《たかふじ》が朱雀門《すざくもん》の前で百鬼夜行《ひゃつきやぎょう》に出会った事件が記されています。三九話はその後の展開です。少し関連部分を引用してみましょう。

その後五、六ケ日を経て、篁《たかむら》、結政《かたなし》に参る剋限《こくげん》に、陽明門《やうめいもん》の前において、高藤卿《たかふじ》のために車の簾《すだれ》・鞦《しりがい》などを切らると云々。時に、篁は左中弁《さちゆうべん》なり。すなはち篁、高藤の父の冬嗣《ふゆつぐ》の亭《てい》に参りて、子細《しさい》を申さしむる間、高藤にはかにもつて頓滅《とんめつ》すと云々。篁すなはち高藤の手をもつて引き発《おこ》す。よりて蘇生す。高藤庭に下《お》りて篁を拝して云はく、「覚えずしてにはかに閻魔庁に到る。この弁、第二の冥官に坐せらると云々。よりて拝するなり」と云々。

どうですか、藤原氏の子息の急死、篁による蘇生、蘇生の理由が篁が冥官なるゆえである、この三点において『今昔物語集』と『江談抄』の二話は同工異曲《どうこういきょく》といわざるをえません。もちろん、この話も高藤が中納言であったのは寛平《かんぴょう》九年（八九七）～昌泰《しょうたい》二年（八九九）であり、篁が左中弁《さちゅうべん》であるのが承和《じょうわ》十三年（八四六）九月～同十五年正月と年代はあいません。高藤は冬嗣の孫で、良門の息子です。良相は冬嗣の息子で、良門の兄ですから、良相と高藤は叔父・甥の関係になります。承和五年（八三八）生まれの高藤は、良相より一世代あとの人間です。

しかし、両話とも年代的に辻褄《つじつま》が合わないのに、ことさら篁の地位を、「篁宰相に成ぬ」「篁は左中弁なり」と明記するのはどうしてでしょうか。こういった官職の明記がなければ、物語はいつの頃のことも知れず、それほど違和感なく読み進められるはずです。それをあえて記すというのは、篁の官職になんらかの意味があると考えざるをえません。

説話に記された篁の官職は、実際に篁が就任した官職であり、けっして架空の官職ではありません。つまり説話といえども、その点は忠実に守っているわけです。そうしますと、説話の作者は、篁が実際になった官職であれば、実は宰相であれ、左中弁であれ、とにかく「小野篁が某官であった頃……」と話し出せればよかったのではないでしょうか。そして、話の主題は、現世での官職がこれこれであった時、実は篁はあの世では閻魔王宮の臣下であった、第二冥官《めいかん》であったということを話したいだけなのではないでしょうか。

篁には表の官職と裏の官職がある。そして裏とはなんと閻魔王宮のことである。このことを強調したいがための官職明記のように思われますが、いかがでしょうか。

重病の人が、生死の境をさまよい、不思議な体験をすることは、よく聞く話です。果たして、その体験が、霊魂による体験なのか、はたまた病いからくる精神的圧迫による夢なのか、どちらともわかりません。精神病理学の永遠のテーマなのかもしれません。ここでは、そのことを追求するのではなく、良相が体験した冥界に小野篁が、冥官の一員として居並んでいた。あるいは、少なくともそのような存在として篁が意識されていたということを問題にしたいと思います。

小野篁の履歴

ここで、小野篁の履歴《りれき》について、かんたんに見ておきましょう。生まれたのは延暦《えんりやく》二十一年（八〇二）です。この年は、坂上田村麻呂《さかのうえのたむらまろ》が東北地方の蝦夷《えみし》征圧に成功し、蝦夷の首長アテルイを降服させた年でもありました。父は小野岑守《みねもり》。母については不詳とされています。小野氏は飛鳥《あすか》時代から続く名族ですし、父岑守も勅撰漢詩集『凌雲集《りょううんしゅう》』の選者で、従四位上勘解由《かげゆ》長官兼刑部卿《ぎょうぶきょう》にまで上った貴族です。その父の奥さんの名前がわからないのも、おかしな話です。もっとも、母親の名前がわからないことは、古代にはしばしばあるので、ことさら篁の場合だけを特別視するわけにはいけませんが、父も本人も有名人なので、母親の名前はともかく、どのような素性の女性かぐらいは知られていてもよいような気もします。

次に、篁の経歴を『日本文徳《もんとく》天皇実録』に記された薨伝《こうでん》をもとに、かんたんに年表風にながめてみますと、次のようになります。

延暦二十一年（八〇二）　誕生
弘仁　　六年（八一五）　陸奥守《むつのかみ》となった父岑守に随って陸奥に行く。
　　　十一年（八二〇）　陸奥より帰京する。乗馬に明け暮れ、学業を省《かえり》みなかったため、嵯峨《さが》天皇より父に似ない子と嘆息されたのをきっかけに、以後、学問に専心する。

十三年（八二二）　文章生《もんじょうしょう》の試験に及第《きゅうだい》する。

天長　元年（八二四）　巡察弾正《じゅんさつだんじょう》に任じられる。

二年（八二五）　弾正少忠《しょうちゅう》となる。

五年（八二八）　大内記《だいないき》となる。

七年（八三〇）　式部少丞《しきぶしょうじょう》となる。

十年（八三三）　東宮学士《とうぐうがくし》となり、弾正少弼《しょうひつ》に任じられる。

承和　元年（八三四）　遣唐副使に任命される。

二年（八三五）　従五位上となり備前権守《びぜんごんのかみ》を兼ねる。数カ月後に刑部大輔《ぎょうぶたいふ》に任じられる。

五年（八三八）　遣唐大使藤原常嗣《つねつぐ》と不仲となり、遣唐船に戻らず、唐人沈道古《ちんどうこ》と親しむ。

六年（八三九）　正月、官人から除名され、庶人に落とされ、隠岐《おき》に配流となる。

七年（八四〇）　四月、帰京を許される。

八年（八四一）　九月、本位に復す。十月、刑部大輔となる。

九年（八四二）　六月、陸奥守となる。八月、東宮学士となり式部少輔を兼ねる。

十二年（八四五）　正月、従四位下に叙される。

十三年（八四六）　五月、権左中弁《ごんのさちゅうべん》となる。

十四年（八四七）　正月、参議《さんぎ》となる。四月、弾正大弼を兼ねる。

十五年（八四八）　正月、左大弁に転じて、信濃守《しなののかみ》を兼ねる。四月、勘解由長官を兼ねる。

嘉祥　二年（八四五）　正月、従四位上に叙される。五月、病いをもって官を辞し、自宅療養する。

　三年（八四六）正月、正四位下に叙される。
仁寿　元年（八五一）近江守を遥授する。
　二年（八五二）春病気。左大弁に復す。十二月、従三位に叙される。同月二十二日、五十一歳で没する。

篁は十四歳の時に父岑守に従って陸奥国に移り住んでいます。そして約五年間は陸奥での生活が篁を取り巻くわけです。当時の東北地方の状況はと申しますと、延暦二十一年（八〇二）に坂上田村麻呂が蝦夷の大首長アテルイを降伏させたものの、同二十三年には田村麻呂を征夷大将軍に再任せざるをえない事態となり、まだまだ安定した状況ではありませんでした。

『類聚国史』巻百九十・風俗・俘囚の記事をみますと、次のようなことが記されています。

（弘仁八年）七月壬辰（五日）、陸奥国言《まう》す「俘吉弥侯部等波醜《ふきみこべのとはし》等、帰降せり」てへり。勅《みことのり》すらく、「此の虜、誅《ちゅう》を逋《のが》るること已《すで》に久し。遊魂は生を偸《ぬす》む。今の守《かみ》小野朝臣岑守等、彼の野心を優らげ、声教《せいけう》に服せしむ。懐に携へし権、誠に以て嘉尚たり」と。

岑守が赴任して二年目に俘囚の「帰降」があったことが窺《うかが》われます。このことより、小野岑守は他の国司のように、律令国家の統治が行き届き、安穏《あんのん》とお役所仕事をしていればすむという国の長官だったわけでは

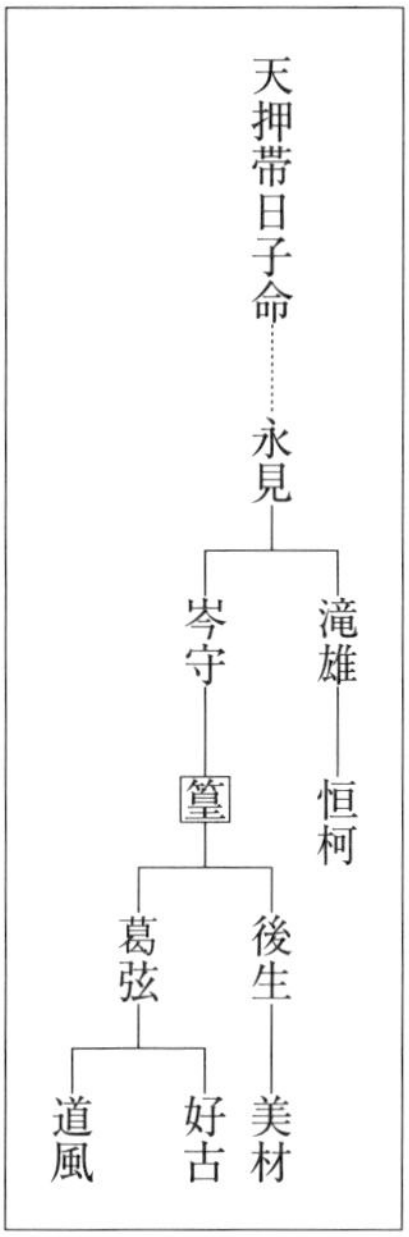

図3　小野氏略系図

なかったことが、よく理解できます。むしろ、これから本格的統治を進めていかなければならないという危険な国に派遣されたというべきでしょう。その役目に岑守が選ばれたのは、一つは小野氏が軍事的に優れた氏族であるという一族の特性を買われたためであり、もう一つには岑守自身の官僚としての能力を評価されたためであると考えられます。

つまり、岑守一家が赴いた先は、半戦闘地域であったということです。そこで生き残るには、弓馬の道に練達しなければなりませんでした。息子の篁《たかむら》も、国司様のご子息ということで、ボンボン暮らしができたわけではなかったのです。野を駆け、山を越え、狩りもすれば、小さな戦闘も経験する、そのような生活が約五年間続いたのです。

篁はちょうど青春期を弓馬の世界で過ごしたといえましょう。それゆえ、十九歳で都に戻ってきた時に「弓馬の士」であるのは、むしろ当然なのです。かえって「小野岑守の子ともあろうが、どうして弓馬の士などになってしまったのか」という嵯峨天皇の歎きは、東北の実情を知らない、ある意味、苦労知らずの無責任な発言ともいえましょう。

この後の文人貴族・官僚としての活躍が華々しいだけに、嵯峨天皇の歎きによって、篁が発奮して、以後、勉学に励むようになったという解釈がされがちですが、それは嵯峨の篁に対する感想と同じくらい現実と乖《かい》離《り》したものといえるでしょう。

万能の人・小野篁

さて、先の篁の年譜をみますと、弘仁十三年に文章生の試験に二十一歳で合格して以降、実務官僚として、篁が嵯峨・淳和《じゅんな》・仁明《にんみょう》朝を生き抜いてきたことがよくわかります。

小野氏は一族の中に陸奥鎮守府《ちんじゅふ》将軍となった小野春風《はるかぜ》や藤原純友《すみとも》追捕使《ついぶし》となった小野好古《よしふる》がいることでもわかりますように、軍事的な性格をもつ氏族でもありました。しかし、その一方で、小野小町《こまち》・道風《みちかぜ》《とうふう》に代表されるような文芸的な側面も持っていたのです。篁が弾正台《だんじょうだい》の官人や刑部省の官人を勤めているのは武官的な側面であり、式部省の官人・東宮学士・左弁官などを歴任しているのは文官的側面と考えられます。

一族に武人や歌人・書家がいるからといって、そのことは個人にとってはなんらかかわりもないことです。たとえば親類に画家がいたとしても、それはとても特別なことであって、他の親族に画家の才能があるとは限りません。もっとも父や祖父が画家ならば、直接の遺伝の影響を受けることもあります。しかし、それも本人が興味をもって、その道に精進《しょうじん》するかどうかで変わってきます。

ただし、現代のように職業選択の自由がそれほどなく、一族がある種のまとまりをもった時代で、身分制が敷かれた社会ですと、一族の「家業」的な職業が、それなりの傾向をもって定まってくる可能性があります。すこしややこしい言い方になりましたが、かんたんに言いますと、一族の者で軍事に長《た》けた人物が出て、社会的地位を得ることができれば、一族の者は彼に続くかたちで、軍事面で職を得る方が有利になってくる社会であったということです。いきおい、その一族は個人の資質よりも氏族の利益を優先して、軍事に関する鍛錬をするようになります。つまり環境作りがされるわけです。

篁の場合も、小野氏が軍事的氏族の性格をもっていたからこそ、父岑守がまだ不安定な陸奥国守に選ばれ、彼自身も氏族の環境と生活環境の両面から鍛《きた》えられ、「弓馬の士」となったともいえるでしょう。

そしてなんと篁は、父岑守の漢学の才能、甥道風に見られる書家としての才能、孫娘小町にみられる歌人としての才能、それらすべての才能を発揮する人物となるのです。

まず漢詩の才能についてみますと、隠岐配流の際に賦《ふ》した「謫行吟七言十韻」について、『日本文徳天皇実録』の卒伝《そつでん》に、

文章奇麗にして興味優遠なり。文を知るの輩、吟誦《ぎんしょう》せざること莫《なか》らむ。凡《およ》そ当時の文章にして天下無双

なり。

とありますし、『日本三代実録』元慶《がんぎょう》四年（八八〇）八月三十日条には、「小野篁は詩歌の宗匠たり」と記されています。『扶桑集《ふそうしゅう》』巻七にも「野副使は卓世《たくせ》の工文の者なり」「此れ絶世の大才なり」と評されています。

和歌については、『古今和歌集』真名序《まなじょ》には、

其の後の和歌は棄てて採られず。風流は野宰相《やさいしょう》の如く、軽情は在納言《ざいなごん》の如しと雖《いへど》も、皆他才を以て聞こゆも斯《こ》の道を以て顕《あらは》れず。

とあり、和歌の風流面における代表的人物と考えられていたことがわかります。

また、書道の面では、『日本三代実録』貞観《じょうがん》八年（八六六）九月二十二日条に、

承和の初《はじめ》、隷書《れいしょ》を善《よ》しとするを以て、詔を文堂に侍す。参議小野朝臣篁に就きて、用筆の法を受く。篁歎きて曰く、「紀三郎、真の聖《ひじり》と謂《い》ふべきなり」と。

紀三郎とは紀夏井《きのなつい》のことです。篁は隷書を得意とし、かの夏井ももとは篁に書道を学んだというのです。さらに篁は『令義解《りょうのぎげ》』の編纂にかかわっています。ということは、篁は文学的才能だけではなく、法律にも通じていたということです。通じていたどころではなく、『令義解』は「養老令」の注釈書ですから、法解釈をする専門的法家ということができます。

まさに篁は官人の模範であり、都人のスーパースター的存在といえましょう。

篁が弓馬・漢詩・和歌・書道・法律など、あらゆる面に通じていたことを確認したわけですが、さて、もう少し『今昔物語集』の話の続きを見ることにしましょう。

篁冥官説話

而《しか》る間、大臣《おとど》内に参《まゐ》て、陣《ぢん》の座に居給《ゐたま》ふに、宰相篁、兼《かね》居たり、又人無し。大臣、「只今吉《よ》き隙《ひま》也。彼の冥途《めいど》の事問《とひ》てむ」と、「日来極《ひごろきはめ》て怪《あやし》く思《おもひ》つる事也」と思て、大臣居寄《ゐより》て、忍《しのび》て篁の宰相に云く、「月来《つきごろ》

も便《たより》無くて不申《まうさ》ず。彼の冥途の事極て難忘《わすれがた》し。抑《そもそも》、其れは何なる事ぞ」と。篁此《これ》を聞て、少し頬咲《ほほゑみ》て云く、「先年の御□□の喜《うれし》く候《さぶらひ》しかば、其の喜びに申《まうし》たりし事也。但し、此の事弥《いよい》よ恐《おそれ》て、人に不可被《おほせらるべか》仰《らず》」々被《とおほせらる》。「此れ未《いまだ》人の不知《しら》ぬ事也」と。大臣此れを聞て、弥《いよいよ》恐れて、「篁は只人《ただびと》にも非ざりけり、閻《えむ》魔《ま》王宮《わうぐう》の臣《しん》也けり」と云ふ事を始《はじめ》て知《しり》て、「人の為《ため》には可直也《うるはしかるべきなり》」とぞ、諸《もろもろ》の人に懃《ねむごろ》に教へ給ひける。而《しか》る間、此の事自然《おのづか》ら世に聞《きこえ》て、「篁は閻魔王宮の臣として通ふ人也けり」と、人皆知《みなしり》て、恐《お》ぢ怖れけり、となむ語り伝《つたへ》たりとや。

ある時、大臣良相が参内《さんだい》して、陣《じん》の座に座ると、宰相の篁も座っていました。ちょうどあたりには人もいません。良相は「ちょうどよい機会だ。あのときの冥途《めいど》での出来事について尋ねてみよう」「日頃から不思議に思っていたことだから」と考え、良相はすり寄って行き、こっそりと篁宰相に次のように尋ねました。「ここ数ケ月、よい機会もなくて申しませんでしたが、あの時の冥土のことはとても忘れられません。いったい、あれは、どういうことだったのでしょう」と。すると篁はこれを聞き、少し微笑《ほほえ》んで、「先年のご親切をうれしく思って、そのお礼にと口添えさせてもらったことです。ただ、このことについては、ますます恐れ慎んで、他言はけっしてなさいませんように」と申し上げました。良相はこれを聞いて、よりいっそう恐れて、「やはり篁は只の人ではなかったのだ。おそらくは閻魔大王の臣下なのであろう」ということに、初めて気づきました。それ以後、良相は「人には情けをかけておくものだよ」と、人に会うたびに、懇切に教えたということです。

ところが、こうしたことは自然に世の人の知るところとなりまして、「篁は閻魔王宮の臣下として、この世とあの世を行き来している人だ」と、誰もが知って、篁を畏怖《いふ》したということです。小野篁という現実の人が、地獄の閻魔王宮の臣下でもあるという、神秘的な話の結論が「情けは人の為《ため》ならず」では、あまりに陳《ちん》

図4　閻魔大王像

腐《ぶ》ではありませんか。それと、もしこの話が本当ならば、小野篁は、この世の王である天皇に仕える藤原氏に対して、あの世の王である閻魔大王に仕える人物ということになります。そして、いかに摂関家といえども、人間である以上、生死の問題はどうすることもできません。ところが篁は、あの世とこの世の両方に通じているわけですから、摂関家よりも偉大な存在ということになります。

裁判官としての篁イメージ

では、どうして小野篁が、摂《せっ》関《かん》家を超える存在としての冥官と考えられたのでしょうか。『今昔物語集』巻十七第十八話「備中国僧阿清依地蔵助得活語《びっちうのくにのそうあしやうぢざうのたすけによりてよみがへるをうること》」には、検非《けび》違使《いし》のイメージが次のように記されています。

我は此れ、然々《しかしか》の人也。本国《もとのくに》より本寺《もとのてら》に行く間、途中にして病を受て、忽《たちまち》に此《ここ》にして死ぬ。而る間、我れ独《ひと》り広き路《みち》に向《むかひ》て西北《いぬゐ》の方《かた》に行く。即《すなは》ち門楼に至る。其の内に器量《いかめし》き屋《や》共《ども》有り。此を見るに、検非違の庁《ちやう》に似たり。其の所に官人其《そ》の数有て、庭の中に着並《つきなみ》たり。亦、多《おほく》の多く人を召し集めて、其の罪の軽重《きやうぢう》を定む。

図5　閻魔王宮図

人を捕へて縛《しばり》て獄《ひとや》へ遣《や》る。其の泣き叫ぶ音、
雷《いかづち》の響《ひびき》の如し。

これは備中国の阿清《あしょう》という僧侶が、本国から修行した紀寺に戻ろうとした途中で、重病に陥り死んでしまったのですが、一両日して生き返った時の彼の死後の体験談です。そこには多くの役人がおり、罪の軽重《けいちょう》を定めているというのです。また獄舎もあり、そこでは捕らえられた人々の泣き叫ぶ声が響いていたとのことです。はっきりとは書かれていませんが、どうやら閻魔王宮を見てきた時の話のようです。

重要なのは、阿清が見た冥界での閻魔王宮を例《たと》える際に「検非違の庁に似たり」と書かれていることです。同巻十七第二十二話の賀茂盛孝《もりたか》の場合はもっと直接的です。盛孝は四十三歳で突然死しますが、やはり蘇生し、死後の世界における閻魔王宮の様子を「高楼の官舎の有る庭に到り着《つき》ぬ。数《あまたの》検非違使、官人等、東西に次第に着並《つきなみ》たり。我が朝の庁《てう》に似たり」と語ります。ここでは、閻魔王宮に居並ぶ裁判官たちを検非違使と表現しています。

当時の人たちが、いかに検非違使に恐れを抱き、また忌《い》み嫌っていたがよくわかります。検非違使の下で働く放免《ほうめん》などは、まさに地獄の番人たる鬼のごとく思われていたのかもしれません。百鬼夜行のイメージに検非違使下部《しもべ》による夜警巡邏《じゅんら》が想定されるという説もあります。もちろん、それだけのイメージではないでしょう。平安京の治安維持のために設けられた検非違使が、地獄の獄卒《ごくそつ》のイメージだけであったとは思いません。しかし、そのようなイメージがあったことも否定できないのではないでしょうか。

そして忘れることができないのが、承和十二年（八四五）に起きた法隆寺の僧善愷《ぜんがい》による訴訟事件です。事の起こりは、法隆寺僧善愷が檀越《だんおつ》の登美真人直名《とみのまひとただな》の不正を訴え出たことに端を発します。この訴えを時の弁官五名が受理して審理した結果、登美直名を遠流《おんる》と裁断しました。これだけなら、たんなる訴訟事件なのですが、この裁断に対して、周辺から異論が巻き起こったのです。

右少弁であった伴善男《とものよしお》が、弁官が善愷の訴えを直接受理したのは違法であると主張しました。そして善愷の訴状には犯罪の内容や年月日が明記されておらず、そのような不備な訴状を受理したのも違法であると訴えたのです。僧尼令《そうにりょう》の規定では、僧尼は僧綱《そうごう》・玄蕃寮《げんば》・治部省《じぶ》といった所司を経て出訴しなければなりませんでした。その意味では、善男の主張は正しいのです。しかし、相手の弁官は、参議左大弁従四位上正躬《まさみ》王《おう》・参議右大弁従四位上和気《わけ》朝臣真綱《まつな》・左中弁従四位下伴宿禰成益《とものすくねなります》・右中弁従五位上藤原朝臣豊嗣《とよつぐ》・左少弁従五位下藤原朝臣岳雄《たけお》の五人でした。

事件そのものは、善愷の主張内容通りのものであったと考えられますが、正躬王たちが違法な手続きをしたのも事実でした。善男の主張も手続き問題だけです。それゆえ善男は上官に対して無謀な訴えを行ったともいえます。これには善男の個人的な恨みの問題もあるのですが、それはさておき参議左大弁という立場で押し切ろうとした正躬王たちに対抗して善男を支持したのが小野篁だったのです。

篁は事件の内容はともかく、正躬王と善男の問題について、法解釈を求められた讃岐永直《さぬきのながなお》の態度が、「権勢を畏《おそ》れ憚《はばか》りて、肯《あ》へて正言《せいげん》せず」(『日本三代実録』貞観四年八月十七日条)というものであったことに腹を立てたのでしょう。正しいことは、相手が権力者であっても直言すべきであるという篁の面目躍如《めんもくやくじょ》たる様子が想像されます。

検非違使と同様の職務をもつ巡察弾正に就き、刑部大輔となり、国司・官人を監察する勘解由使の長官ともなり、『令義解』という法律書の編纂も行う直言《ちょくげん》の人という篁の人間性が、まさに権力をも無力化し、最後の審判を行う閻魔王宮の裁判官の一人という人物像を作り上げていったのではないかと考えます。

第二節　陰陽道の星・安倍晴明

神秘的な力

夢枕獏《ゆめまくらばく》氏の小説『陰陽師《おんみょうじ》』が爆発的にヒットし、岡野玲子氏の漫画も人気を博したので、安倍《あべの》晴明《せいめい》の名は一躍全国区となりました。よけいな話ですが、京極夏彦《きょうごくなつひこ》氏を始めとした幻術・陰陽師的存在を主題・副題にした小説が、近年、爆発的に増えていることも事実です。なぜ、今頃、陰陽道などというマイナーなテーマがうけているのでしょう。日本人が、もともとこのような霊的な存在に対して関心が大きかったということも、もちろん原因の一つでしょう。たとえば「学校の怪談」が小学生たちの永遠のテーマであるのも、恐いもの見たさという単純な心理からきています。

ですが、最近の陰陽師関係の小説は、もっと複雑なおどろおどろしい描写も多く取り入れられています。なにか摩訶《まか》不思議な世界におけるヒーロー、それが安倍晴明を代表とする陰陽師たちの位置づけではないでしょうか。少し穿《うが》った見方をしますと、摩訶不思議な世界というのは、画一化され、人生のコースが決まってしまった若者にとっては、閉塞《へいそく》状況を生み出している現代社会そのものなのではないでしょうか。自分の努力だけでは、どうしても抜け出せそうになく、かつ未来に明るさを見い出せない社会、これをなんとかするには、もはや常識では考えられないような力に頼るしかありません。

そんな常識を超えた能力を発揮してくれるのは、アメリカではスーパーマンでありスパイダーマンだったわけです。日本にもその亜流的なヒーローは生み出されました。しかし、それらはもう古くなってしまって、スーパー能力は絵空事であることを、私たちは知ってしまっています。そこで登場したのが、平安時代や中世の陰陽師や修験者《しゅげんじゃ》だったのです。彼らについては、なんとなくは知っているけれど、実はよくは知りません。陰陽道や修験道の専門的なことは、神秘的でなんとなく格好いいけれど、難しくもあります。そのへんの新しさが、現代の人々、とくに科学の先端で生きる若者にうけたのではないでしょうか。

ここまでは、あくまで小説や説話の中の陰陽師であり、安倍晴明の話です。ここからは、多少、実像に近い晴明像を探ってゆきたいと考えます。ヒーローとしての晴明の能力を見ますと、大きく分けて次の三つの能力になると思われます。

①霊的存在を認識する能力

②陰陽道の知識に精通する能力

③物を破壊したり人を殺傷するＥＳＰ能力

この三つの能力が混同され、一つの人間に備わっていることの不自然さには気付きません。ですが、つぶさに見てゆきますと、この三つはまったく別の種類の能力といえます。

まず第一の霊的存在を認識する能力ですが、これは先天的なものです。かんたんに申しますと、生まれながらに持っている能力といえましょう。たとえば、現代でも幽霊を見たことがある人、あるいは幽霊が見える人がいる、という話はよく聞きます。霊に敏感かどうかは、努力や訓練によって身につくというものではなく、生まれつきそういう能力があるかないかにかかっています。ですから、霊感のない人は、どんなに霊がまわりにいても何も感じませんし、それを訓練で見られるようにはなりません。ですから、見たことのない人たちは、たいてい、霊の存在を信じにくくなっています。

頭で信じるとか信じないとかではなく、見てしまった人は、霊の存在を認めざるをえなくなります。その

図6　京都・晴明神社

霊に対する感受性の強弱によって、またその人の霊に対する考え方もさまざまになると思います。しかし、いずれにしましても、本人の意思とは関わりなく、あるかないかの能力といえましょう。

それに対して、第二の陰陽道の知識に精通する能力は、まさに後天的な能力です。これこそ努力次第でいくらでも身につくものです。いわば勉強の類いです。勉強はすればするほど身につくものです。もちろん人によって向き不向きがありますから、勉強に向いていない人は、いくら勉強してもある程度まで来ると、頭打ち状態になることはあります。その意味では先天的な要素がゼロではありません。それでも、①の能力に比べますと、はるかに後天的努力が反映する能力です。

ここで陰陽道についてかんたんに説明しておきます。陰陽道とは、中国の陰・陽の二元論と木・火・土・金・水の五元素が宇宙を構成するという五行《ごぎょう》説が合体したものです。日本では、陰陽寮《おんみょうりょう》という役所が独占的に陰陽道を掌《つかさど》り、卜占・暦道・天文・時刻などを専門的に学び、管理していました。今で言いますと、気象庁と天文台に易学研究所を加えたような役所と考えられます。

問題は第三のESP能力です。これは本当にあるのでしょうか。代表的なESPとしては、透視・読心・瞬間移動・遠隔操作・物質破壊・催眠・予知などがあげられます。特に危険回避のためには、予知能力はだれもが欲しいと思う能力です。また、相手の考えを読み取り、利用できる能力も政治の世界などでは必要でしょう。こういった、持てたらどんなにか便利だろうと思われる能力は、いささか人間の願望的な感じがします。否定しきることはできませんが、本来的な超能力でなくても、我々はそれに近い能力を得るためにいろいろと努力しています。

たとえば、予知能力に関しては、過去のデータを分析して、確率的な予想をします。最もポピュラーなのが天気予報です。そして身近なものにギャンブルの予想があります。専門家でなくても、夜、空を見上げるとお月様にわっかができているのを見ますと、ああ、明日はおそらく雨がふるなと、私たちは予想します。これは過去の統計結果を、私たちが常識の一部として知っているからです。天気予報の正答率が高くなると、これは立派な予知になります。

また、ある人物の次の言動を知りたい時も、彼に関するさまざまなデータを集めます。彼は血液型がO型だから短絡的な行動をとりやすいだろう。そして星座はみずがめ座だから、理想肌・芸術家肌の面もある。それと生まれ年が亥だから、直進的な行動パターンも考えられる。だが、出身が和歌山県であることを考慮すると、案外、のんびりしたところもあるかもしれないなどと、いまでいうところの占いの基礎条件なども判断材料にされます。そうしますと、相手の行動パターンを知るには、占いに関する知識が深ければ深いほど、有利ということになります。占い知識は、実は、天文や暦術に関するものが多いのです。そして、この天文・暦術を統合したものこそが、陰陽道なのです。

第三の能力とは、第二の能力を努力しないで、体質的に持っていた場合の能力ということになります。つまり、第三の能力は、第二の能力を得るために努力している人たちの願望ということになります。

実は、安倍晴明の能力も、本来は①と②だったものが、時代が下がるに従ってどんどん増幅され、③の能力も当然のごとく身につくようになったのです。『今昔物語集』巻二十四第十六話「安倍晴明随忠行習《あべのせいめいただゆきにしたがひてみちを》道語《ならふこと》」に記載されています蛙を殺す話などは、その典型でしょう。

(前略)此《この》晴明、広沢の寛朝僧正《くわんてうそうじやう》と申《まうし》ける人の御房《ごばう》に参《まゐり》て、物《もの》申し承《うけたま》はりける間、若き君達《きむだち》・僧共有《そうどもあり》て、晴明に物語などして云《いは》く、「其識神《そこのしきじん》を仕《つか》ひ給ふなるは、忽《たちまち》に人をば殺し給ふらむや」と。晴明、「道《みち》の大事を此現《かくあらは》にも問ひ給ふかな」と云《いひ》て、「安くは否不殺《えころさじ》。少し力《ちから》だに入《いれ》て撲《まつら》へば必ず殺してむ。虫などをば塵許《ちりばかり》の事せむに必《かなら》ず殺しつべきに、生《い》く様《やう》を不知《しらね》ば、罪を得《え》ぬべければ、由無《よしな》き也」など云ふ程に、庭より蝦蟆《かへる》の五つ六つ許踊《ばかりをどり》つゝ、池の辺様《ほとりざま》に行《ゆき》けるを、君達《きむだち》、「然《さ》は彼《か》れ一つ殺し給へ。試《こころみ》む」と云ければ、晴明、「罪造《つみつく》り給君《たまふきみ》かな。然《さ》るにても、『試み給はむ』と有《あ》れば」とて、草の葉を摘切《つみきり》て、物を読様《よむやう》にして蝦蟆《かへる》の方へ投遣《なげやり》たりければ、其の草の葉蝦蟆の上に懸《かか》ると見《み》ける程に、蝦蟆は真平《まひら》に□□て死にたりける。僧共此《これ》を見て、色《いろ》を失《うしなひ》てなむ恐《お》ぢ怖れける。

晴明が広沢の寛朝僧正《かんちようそうじよう》のところに出かけた時のことでした。貴族の若者や僧侶たちが、晴明に嫌がらせを仕掛けます。「あなたは式神《しきがみ》を使うということですが、瞬時に人を殺すことができますか」と晴明に問いかけました。晴明は、「陰陽道の秘事に関わることを、よくもあからさまに尋ねなさいますな」とあきれながらも、「あなた方が口にするほど簡単には殺せるはずがありません。でも、少々力をこめれば殺すことはできましょう。虫などの小さいものは、塵ほどの力で殺すことができます。ですが、生き返らせる方法を知りませんので、罪なことをすることになりますから、無益なことです」と、多少、公達《きんだち》・僧侶の心根をたしなめ気味に答えました。

それでも公達たちの性根はかわらず、そこに現れた蟇蛙《ひきがえる》を指差して、「あの蛙を一匹殺してみせてください」などと、あくまで晴明に挑戦的な態度を取り続けます。晴明は「罪なことをおっしゃる人たちだ」と言いながらも、これ以上何を言っても仕方ないと考え、呪文を呟きながら草の葉を蛙に投げかけました。すると蛙はぺしゃんこになって死んでしまいました。僧侶たちは、本当に蛙が死に、晴明に人を殺す能力があることを知って、色を失って恐怖したということです。

「念」とか「気」とかいうものがあります。この時に晴明が蝦蟆に施した術は、この類いのものでしょうか。それとも、公達・僧侶たちが気付かぬ間に、小さな飛礫《つぶて》を飛ばして、術で殺したように見せかけたのでしょうか。真偽はわかりません。しかし、僧侶たちが畏怖《いふ》したように、念力や方術で生き物を殺傷できるとすると、方術者には恐いものはなくなってしまいます。

図7　晴明が式神を隠したという一条戻り橋

私は、身体機能と精神との関連性や、健康と「念」「気」との関係などは存在していると考えています。しかし、物を破壊したり、人を殺したりする念力まで認めてしまいますと、なんでもありになってしまいます。また、もしそのような念力の使える人間が複数いるとしますと、もっと殺人事件が多発してもおかしくありませんし、独裁者を気取る人間が出てくるはずです。ですが、これまでの歴史で、そのような力を使って大事件を起こした人もいなければ、大量殺人を行った人もいません。超能力の存在をすべて否定することは難しいでしょうが、今のところ歴史的には積極的にその存在を認めることは、より難しいといえるでしょう。

ただし、超能力の存在の有無と、霊の存在、陰陽道の能力とは別の問題です。繰返しになりますが、①②の能力と③の超能力は同じ次元で論じるべきではないと考えます。筆者も、霊とは遭遇した経験もあれば、超常現象で命が助かったこともあります。しかし、念力に関わるような強力な力と接したことはありません。見ていないものは信用できないというわけではありませんが、過去の記録にも信用できる史料に、そのような能力の実在についての記述がありませんから、今のところは超能力は未知の存在としておきたいと思います。

志村有弘氏は平安時代の陰陽師について、「十二神将が守護し、禽獣や式神を自由自在にあやつる。そして、人の呪いを取り除き、吉凶を占ってピタリと当てる。場合によっては、式神を使役して人を殺すこともできる。陰陽道の大家になれば、人々から崇敬されながらも、さぞ気味悪がられたに違いない」(『陰陽師安倍晴明』)と述べておられますが、この志村氏の考えは①も②も③も混同した考え方ですし、実証的な根拠はほとんどありません。あくまで文学に描かれた晴明像、陰陽師のイメージです。

記録の中の晴明

ここでたしかな記録に見られる晴明像を確認しておきましょう。平安時代の貴族の日記に記録された晴明の事跡の中で興味深い記事を書きあげますと、左のようになります。

天徳《てんとく》四年(九六〇)九月(『中右記』寛治八年十一月二日条)

去る天徳の内裏《だいり》焼亡の日、皆悉く焼け損ずる。晴明、天文徳業生《とくぎやうしやう》の時、宣旨《せんじ》を奉《うけたまは》りて、勘文《かんもん》を進《たてまつ》り、作らしむ所なり。

貞元《じょうげん》三年（九七八）七月二十四日（『日本紀略』）

雷震《ふ》る。陰陽博士出雲清明宅、破損致す。

永観《えいかん》二年（九八四）七月二十七日（『小右記』）

参内《さんだい》す。譲位・立太子の日時等を勘申《かんしん》せしむ。道光・晴明等、勘申す。

寛和《かんな》二年（九八六）二月十六日（『本朝世紀』）

今日の未点に怪立つ。官の正庁の東の第二間の庇《ひさし》の内に、蛇有る也。天文博士正五位下安倍晴明占いて云く。盗兵の事に非ず。官事に就て、遠行《えんこう》する者有らんか。怪《あや》しの日以後三十日の内及び来る四月七日を期するに、明年四月節中は並《ならび》に庚辛の日也。怪し所に於《おい》て攘法を修せば、其の咎《とが》無からんか。丑・未・辰年の人なり。

正暦《しょうりゃく》五年（九九四）五月七日（『本朝世紀』）

今月十五日、八省の大極殿《だいごくでん》に於て、百の高座を立つ。仁王経を読み講《こう》ぜらるべきの事、是即《これすなは》ち前《さきの》天文博士正五位上安倍朝臣晴明勧申し、修せらるる所也。

長徳《ちょうとく》元年（九九五）十月十七日（『権記』）

仰《おほ》せて云く、昨日、雷の事御卜《みぼく》奉《たてまつ》り付くべきの由、右大将に仰せしむの後、天文道、変異勘文を進る。晴明朝臣、申せしめて云く、「先々、勘文を進《たてまつ》るの時、更に御卜《みぼく》無し」てへり。此の事に依りて御卜を停《や》むの由、右大将に仰《おほ》すべし。

長徳《ちょうとく》三年（九九七）三月二十一日（『中右記』寛治八年十一月十一日条）

又、陰陽師晴明・光栄《みつよし》等を召して、神殿を立つべき日時を勘申せしむ。

長保二年（一〇〇〇）八月十八日（『権記』）

又仰せて云く、来る廿日参入す。還宮の日時等を勘申せしむべく、彼の日に、陰陽寮并びに晴明・光栄《みつよし》等の朝臣を召し候せしむべし。

長保二年（一〇〇〇）八月十九日（『権記』）

早朝、宿所に於て、鼠の宿の物怪《もののけ》を喰《くら》ひしを見付くる。卯《う》の時なり。即ち安四位《しゐ》（従四位下安倍晴明）の許《もと》に遣問す。四位推《お》して云く、「口舌の病の事なり」と云々。

長保三年（一〇〇一）閏十二月二十四日（『政事要略』二十九）

御葬送了《おわ》ると雖《いへど》も、近日依《よ》り停《や》めらるるか。爰《ここ》に散位従四位下安倍朝臣晴明来《きた》り、追儺《ついな》有るべからざるの由を俑《い》ふ。私宅に此の事を行うの間、京中に響き共に以て追儺とす。其の事、宛《あた》かも恒例の如し。晴明は陰陽の達者《たつしや》也。

晴明の陰陽道関係の記事に絞《しぼ》りましたが、ほとんどが吉凶の占いや、吉日・吉時の勘申《かんしん》に関わる記事です。つまり、陰陽寮の本来の仕事です。ここには、まったくといってよいほど、超能力的な方術者としての晴明はみられません。これらは暦法に精通していれば、果たせる内容です。つまり、記録や史料に見える晴明像には、説話や伝承に見られるような、幻術者・呪術者としての晴明像はないのです。

ただし、当時の人が呪術等による病気平癒《へいゆ》や殺傷効果を期待していたことは、おそらく事実でしょう。それは、たとえば修験者たちの焚《た》く護摩《ごま》には、大麻《たいま》などの覚醒《かくせい》作用があったり、今でいうアロマテラピーのような効果があったため、依頼者はそれなりの効果を得て、修験者たちの呪法を信頼したことが考えられます。実は呪法そのものよりは、護摩の煙に効果があったのではないかと思います。その他にも、依頼者の悩みを聞くことによるセラピー効果も考えられます。一種のカウンセリングです。

民間の陰陽師や僧侶・修験者たちは、多少の医学的知識も持っていましたから、病人たちに医術を施《ほどこ》し、薬を調合し、精神療法を駆使し、とさまざまな方法で対処したのではないかと思います。その結果、病いを癒し、命を永らえることができるならば、その逆の命を縮めることもできるのではないかと考えられたのでしょう。実際には、そのようなことはできなくとも、依頼者の心理を利用して、あたかもそれが可能なように見せかける民間の陰陽師が存在したであろうことは、じゅうぶん考えられます。それがまた、陰陽道界の英雄晴明の能力を伝説化することに、一役買うことにもなったのでしょう。

幼き日の晴明

先に引いた『今昔物語集』巻二十四第十六話「安倍晴明随忠行習道語」に、幼き日の晴明の姿が描かれています。

今昔、天文博士《てんもんはかせ》安倍晴明と云陰陽師《いふおむみやうじ》有けり。古《いにしへ》にも不恥《は(ぢ)》ち止事無《やむごとな》かりける者也。幼《えう》の時、賀茂忠行《かものただゆき》と云《いひ》ける陰陽師に随《したがひ》て昼夜に此《この》道を習けるに、聊《いささか》も心もと無き事無かりける。

而《しか》るに、晴明若かりける時、師の忠行が下渡《しもわたり》に夜行《やぎやう》に行ける共に、歩《かち》にして車の後《しり》に行《ゆき》ける。忠行車の内にして吉《よ》く寝入《ねいり》にけるに、晴明見《み》けるに、艶《えもいは》ず怖《おそろし》き鬼共車の前に向《むかひ》て来《き》けり。晴明此《これ》を見て驚《おどろき》て、車の後に走り寄《より》て、忠行を起して告《つげ》ければ、其時にぞ忠行驚て覚《さめ》て、鬼の来《きた》るを見て、術法《ずつぱふ》を以て忽《たちまち》に我が身をも恐れ無く、共《とも》の者共《ものども》をも隠し、平《たいら》かに過《すぎ》にける。其後、忠行、晴明を難去《さりがた》く思《おもひ》て、此道を教ふる事瓶《かめ》の水を写すが如し。然《しか》れば、終《つひ》に晴明此道に付《つき》て、公私《おほやけわたくし》に被仕《つかはれ》て糸止事無《いとやむごとな》かりけ

図8　安倍氏略系図

図9　泰山府君祭図

り。

この話によりますと、晴明は幼い時より賀茂忠行《かものただゆき》に仕えていたということになります。賀茂忠行は当代一の陰陽師でした。その忠行に幼児の時分より、昼夜分かたず指導を受けたのですから、晴明の陰陽道も、いささかの問題も無いほどの立派なものであったというのです。そして、そもそも晴明が忠行の指導を受けることになったのは、次のようなきっかけがあったからだと述べられています。

おそらく晴明がまだ陰陽道の修行をする前に、従者として仕えていた頃のことかと思いますが、忠行が用事で下京《しもぎょう》の辺りに夜間外出した時のことです。晴明は徒歩で牛車《ぎっしゃ》の後に従っていました。忠行は一仕事終えていたのでしょうか、牛車の中で寝入ってしまっていました。晴明がふと前方を見ますと、なんともいえず怖ろしげな鬼たちが前方から車の方に向かって来るではありませんか。いわゆる百鬼夜行というものでしょう。晴明は驚愕して、牛車の後にまわり、寝ている忠行を起して、「鬼がやってきます」と告げました。

すっかり寝入っていた忠行は、ただならぬ晴明の声に飛び起き、前方を見ますと、なるほど晴明の言う通り、鬼が自分めがけて向かってきます。

しかし、さすがに陰陽道の達人といわれた忠行です、慌《あわ》てふためくことなく、とっさに陰陽道の隠形《おんぎょう》の術を施し、自分も供の者も、鬼の目から隠してしまいました。これで一行はなんとか無事に鬼の夜行をやり過ごすことができたのです。ほっと胸を撫《な》で下ろした忠行が感じたことは、晴明の才能でした。鬼の存在を察知することは、ただの人にはできないことです。他の従者たちがなにも気付かず、晴明ただ一人が気付いたのでした。もし、晴明が鬼に気付かなければ、忠行一行は鬼に喰われてしまっていたでしょう。この鬼の存在を認識する能力こそが、努力だけでは得がたい貴重な能力だったのです。

この鬼を見る能力については、一つ前の巻二十四第十五話に保憲《やすのり》の話として記述があります。同じように忠行がお祓《はら》いをしていた時、傍にいた息子の保憲にだけ二、三十人の鬼の姿が見えたのでした。そのことを知った忠行は、「我《わ》れこそ此道《このみち》に取《とる》に世に勝《すぐれ》たる者なれ。然《さ》れども幼童《えうどう》の時には此鬼神《かくきじん》を見る事は無かりき。物習《ものならひ》てこそ漸《やうや》く目には見しか」と告白しています。

他に並ぶ者なき陰陽師の忠行ですら、幼き時には鬼の存在をみつけることはできませんでした。さまざまな修行をして、やっとのことで鬼を見ることができるようになったのです。それが、息子の保憲はなんなく生まれつきにその能力を備えていたわけです。忠行は息子の才能に感激し、「我が道に知《しり》と知《しり》たりける事の限《かぎり》をば露《つゆのこ》残す事無《ことなく》、心を至《いた》して教」えたということです。

息子保憲と同じ才能をもった晴明にも、忠行は瓶に入った水をそっくりそのまま別の瓶に移すかのように、自分の知りうるすべての知識を晴明に教え込んだとあります。ただし、ここで少し疑問に思うことがあります。

まず単純に、いくら忠行が立派な人物でも、息子のライバルになる可能性の高い他人に、自分のすべての知識を教え込むであろうかということです。保憲は、源経頼《つねより》から「当朝は、保憲を以て陰陽の規模となす」（『左経記』長元五年〔一〇三二・五月四日〕と評価されるほどの第一人者でした。その保憲が晴明に陰陽道のうちの天文道を譲り、暦道を息子光栄《みつよし》に譲ったことが、『帝王編年記』十七・一条天皇・永延元年（九八七）条に記されています。

安倍晴明は是《これ》、時の人なり。天文暦数の事を掌《つかさど》る。昔は一家が両道を兼ぬ。而るに賀茂保憲、暦道を以て其の子光栄に伝え、天文道を以て弟子の晴明に伝う。此れより已後《いご》、両道相分る。

この記載はおそらく本当のことだったと思われます。『続古事談《ぞくこじだん》』第五・諸道編に、保憲が晴明を弟子にしたことと、晴明と光栄が覇を争ったことが記されているからです。『続古事談』の方は伝説に過ぎませんが、そのような伝説が生まれたのは、『帝王編年記』に書かれたような事実があったからだと思います。晴明が保憲から天文道を伝授されているということは、晴明が保憲に師事していたことを意味します。

ところが、保憲と晴明はそれほど年齢差がありません。保憲が四歳年長なだけです。なんとなく、この年齢差で、一方が他方の弟子というのは、納得しがたいものがあります。それゆえ、一般的には、晴明は忠行の弟子になった後、忠行の後継者である保憲の弟子にもなったのだと考えられています。ですが、これもおかしなことです。まったく別の人物に改めて弟子入りするというのなら、珍しくてもありうることです。しかし、晴明が二度目の師としたのが、師匠の息子で、つい最近まで兄弟子であった保憲というのは、いかにも不自然です。保憲を師としても、修行する内容は、それまでと変わりがないはずです。それならば、わざわざ師を変える必要はありませんし、忠行の弟子という方がより源流に近いわけですから、箔がつくというものです。

ここで、晴明が天文得業生であった時の年齢を考えてみたいと思います。『中右記』寛治八年十一月二日条所引記事によりますと、天徳四年段階で晴明は天文得業生です。これは晴明四十歳の時のことです。そして彼が陰陽博士として登場するのが、貞元三年の五十八歳の時です。こう見ますと、やはり晴明の名声のわりには官界への登場が遅いといえます。これは陰陽寮の役職を賀茂氏がある程度独占し、人事権を握っていたからではないでしょうか。賀茂氏ではない晴明が、陰陽寮に官職を得るためには、忠行の息子で陰陽頭となった保憲の下に入ることが必要であったということではないでしょうか。そうして始めて晴明は、保憲の息子光栄と同列にみなされ、役職に就くことができたのではないでしょうか。

鬼を見る能力は、鬼となる凶なる存在を見い出す能力です。凶兆が前もってわかれば避ける方法も施せます。これは凶なる存在を避け、逆に吉に近づくことです。つまり、天文道や暦道によって、天気や吉凶を占うことでも、同じように凶なる存在を避けることができます。鬼を見る能力は、実は陰陽道にも通じていたわけです。この鬼を見る晴明の能力については忠行も保憲も認めています。保憲から見て、光栄にはその能力は低く、そこに陰陽道を二分させざるをえない事情があったのかもしれません。

第五章　都に生まれた芸術家

絵師の図

第一節　絵画の巨匠・百済川成

平安の美術鑑賞

平安時代の芸術として今日まで残るものはあまりありません。仏教建築や仏教美術といった宗教的なものが主なものではないでしょうか。絵巻物もたくさん描かれたはずですが、平安時代に製作されたもので、今日まで残るものは数えるほどです。しかし、そのことと実際に絵画や彫刻が作られなかったかどうかということは別の問題です。

世界的にもアルタミラ洞窟の壁画のように、私たち人間は太古から絵を描くことを生活の営みのなかで行ってきたはずです。縄文土器とくに火炎型土器のとても実用品とは思えないダイナミックな造形性や、弥生時代の人物埴輪・家型埴輪などを見ても、日本人も早くから創作活動を行っていたことがわかります。子犬や子どもをモデルとした小型の埴輪などは、陵墓への副葬品ではなく、日常生活で子どもたちが遊ぶために作られたものであることを想像させてくれます。現在ではビニール製やプラスチック製の人形やオモチャも、古代では粘土や木材・草などで作られたことでしょう。

しかし、そのような日常的な創作は、芸術活動とは呼べません。正倉院に残る人物画像や土器に描かれた絵画は、あくまでも落書きであって、それを美術品とはみなせないのです。私たちが、ごく日常的に絵を描いたり、人形を作ったりするのは、あくまで遊びの一環であり、一過性のものです。それは多くの人に見せたり、後世に残そうとするものではありません。

図１　絵師の家

それに対して、美術品とは普遍性と永遠性をもちます。そこには専門性と芸術性が要求されます。専門性とは一般の人にはまねできない技術の高さであり、芸術性とは人の感性に訴えるパワーを意味します。家永三郎氏は奈良時代の絵師について、彼らは「専ら工人として使役せられたのであって、流石に土工や木工よりは優遇せられたものの、それとて量的等差あるのみで結局同性質のものとされてゐたのであり、その作業は功銭の支給方法にも見られる通り極めて分業的、機械的、実用的で、画技が今日の如く芸術としてではなく、実用の技術として利用されたに過ぎない」（『上代倭絵全史』）と結論付けています。

平安時代以前の宮廷芸術に関しては、ほとんどの研究が家永氏の結論を踏襲しています。宮廷は宮殿を装飾する芸術作品が必要となります。そのために中国から美術品を輸入したり、中国の模倣品を制作する必要に迫られ、工人的技術者が必要になるのです。そして平安時代になると、和歌と絵画が融合して屏風絵が登場するように、文化の和風化が始り、絵画・彫刻等にも芸術性が生まれてきたと考えられています。

しかし、本当にそうでしょうか。たしかに美術品というのは、経済的に余裕のある階層の要求がなければ存立しにくいものです。また、専門の芸術家が存立する社会的基盤がなければ、生み出されにくいものです。ですが、人間が芸術を愛する心、美を求める心は本源的なものなのではないでしょうか。アルタミラの壁画も偶然に残っただけではなく、当時からできのよい絵画として意識され、削られたり消されたりしなかったためではないでしょうか。

日本でも作品こそ残っておりませんが、どの時代にも専門家ではなくとも、絵の上手、造形の上手がみごとな作品をつくりあげ、人々の目を楽しませたことと思います。たとえば、先にもあげましたデフォルメの激しい、造形的な縄文土器を考えてみてください。あれが実用を主とした土器とはとても思えません。むしろ装飾性をもった作品と考えるべきでしょう。他方、弥生土器はあまりに実用性のみで造形性がありません。しかし、数百年間もあのようにのっぺりした土器だけで過ごしてきたとも思えません。必ずや弥生時代にも造形的な土器が作られたことでしょうが、それは残っておりません。残らないことが、人間の芸術性・造形性を否定することにはならない、よい例ではないでしょうか。

宮廷作画機構

民間の美術については、ほとんど史料が残されておりません。そこで比較的史料のたしかな宮廷作画機構について、家永氏の研究をもとにかんたんに確認しておきましょう。

宮廷作画機構の端緒は、『日本書紀』推古十二年（六〇四）九月に、黄書画師《きふみのえし》・山背画師《やましろのえし》を定めた記事に始ります。仏教文化が導入されますと、それに伴って仏教美術の流入が始ります。その後も、この傾向は維持されたことと思います。

律令の時代になりますと、職員令《しきいんりょう》に中務省《なかつかさしょう》被官として画工司《えたくみのつかさ》が設置されています。その機構は、正《かみ》一人、佑《すけ》一人、令史《さかん》一人、画師《えし》四人、画部《えかきべ》六十人でした。大宝令の注釈書「古記《こき》」には、画師について次のように説明されています。

古記に云く。問ふ。此れ 長上《ちやうじやう》 の画師は位無し。令文にはいかが。答ふ。官位令には文無し。然《しか》るに職員令に依《より》て補任するのみ。是れ謂《い》ふ所は、別勅の才伎《てひと》を以て、諸司に長上するのみ。跡《あと》に云く、若し画師に欠《けつ》有らば、画部六十の内より取て補すのみ。此れ記して求めるべき也。

これによりますと、長上つまり常勤の画師は無位であったようです。ただし養老令では大初位上《だいそいじよう》に位置づけられます。また、たんに画工司に勤務しているだけでなく、別勅によって諸司に出張して仕事をするようです。また画師は四人と定められていましたが、欠員がでると六十人いる画部の中から選抜して補任するシステムでした。

平安時代になると、この画工司は消滅し、新たに画所《えどころ》が成立します。それは大同三年（八〇八）正月壬寅に、画工司と 漆部司《うるしべのつかさ》 がともに内匠寮《たくみりよう》に併合されたことによります。そして翌大同四年八月二十八日には、内匠寮雑工の人数が改定されます。同日付官符（『類聚三代格』）によりますと、その構成は次のようです。

内匠寮の雑工の数を定むる事

長上《ちやうじやう》 廿三人

画師二人、細工二人、金銀工二人、玉石帯工二人、銅鉄二人、鋳工二人、造丹一人、屏風一人（後略）

番上《ばんじやう》 一百人

画工十人、細工十人、金銀工十人、玉石帯工四人、銅鉄十三人、鋳工四人、造丹二人、造屏風工四人（後略）

直接関係する画師は長上二人、番上画工十人となり、あきらかに軽減しています。そして、この内匠寮雑工から画工司が独立します。そのことは、『西宮記《さいきゆうき》』巻八・所々事に画所の説明として次のように記されていることから明らかです。

画所　式乾門内の東腋の御書所の南に在り。別当（五位蔵人）・預・墨画有り。及び内竪に熟食を分かつ。本は内匠寮の雑工なり

これによって、新たな画所には、別当・預《あずかり》・墨画・内竪《ないじゅ》が配置されたことがわかります。その他にも「張手」「彩色者」「丹調童」という職員がいたことが、他の古記録からわかっています。これらの職員の中で、別当・預はいわば管理職で、墨画が「すみがき」と称され、大宝令の画工司の画師《えし》に相当します。つまり平安時代において、宮廷画師（絵師）といえば、この墨画のことを指しました。

この墨画たちは、どのようにして選出されたのでしょうか。もちろん欠員補充と同じように、彩色者や丹調童の中から選ばれたこともあったでしょうが、では彩色者たちはいかにして官に入ってきたのでしょうか。絵画部門に関して、国学・大学のような学校があったようにも思われません。すると民間の絵の巧者の中から選ばれたということが考えられます。

つまり画所の構成員の一部は、民間の中から絵巧者を選んで、職員とされた者もいた可能性があるわけです。このことは、レベルの差はあっても、民間の中にも美術を愛する人達がおり、需要があったということを意味します。これがいつからかが問題になりますが、平安時代になってからということはないのではないかと考えます。絵巻にも露店で仏画が売られている描写が窺《うかが》えますが、仏教の普及と同時に、仏像の代替物として仏画が民間にも広まったことでしょう。当時は現代のように、複写技術がありませんから、どのような絵画でも、すべて人の手による模写となります。

図2　仏画の露店

仏画を商品とするためには、よい描き手が多数必要

となります。また、少数の場合、一人がこなさなければならないノルマは多くなります。いずれの場合でも、絵画技術の向上が期待されます。模写がストレートに美術へと通じるわけではありませんが、こういった技術者の育成、繰り返しといった基礎的作業の上に、始めて美術作品が生まれてくるのではないでしょうか。

そうしますと、遅くとも奈良時代には、仏画の需要ということと相俟《ま》って、専門絵師の育成も始っていた可能性も考える必要がでてきます。

図３　仏画がかけられた御修会の壇所

従者童の逃亡

初期の絵師については、あまり史料が残されていませんが、『今昔物語集』巻二十四第五話「百《くだ》済《らの》川成《かはなりと》飛騨工《ひだのたくみ》挑《いどむ》語《こと》」に、百済川成《くだらかわなり》という絵師の話が伝えられています。

今昔、百済《くだら》の川成《かはなり》と云ふ絵師《えし》有けり。世に並無《ならびな》き者にて有ける。滝殿《たきどの》の石も此《この》川成が立《たて》たる也《なり》けり。同《おなじ》き御堂《みだう》の壁の絵も此《こ》の川成が書《かき》たる也。

而《しか》る間、川成従者《じゆしや》の童《わらは》を逃《にが》しけり。東西を求《もとめ》けるに不求《もとめ》得《えざ》りければ、或高家《あるかうけ》の下部《しもべ》を雇《やとひ》て語《かたら》ひて云く、「己《おのれ》が年来《としごろ》仕《つかひ》つる従者の童、既《すで》に逃たり。此尋《これたづね》て捕へて得させよ」と。

下部の云く、「安事《やすきこと》には有《あ》れども、童《わらは》の顔を知《しり》たらばこそ搦《から》めむ」と、「顔を不知《しらず》しては何《いか》でか搦《から》めむ」と。川成《かはなり》、「現《げ》に然《さ》る事《こと》也」と云て、畳紙《たたうがみ》を取出《とりいで》て、童の顔の限《かぎり》を書《かき》て下部に渡して、「此《これ》に似たらむ童を可捕《とらふべ》き也。東西の市は人集《ひとあつま》る所也。其辺《そのほとり》に行て可伺《うかがふべ》き也」と云へば、下部其顔《そのかほ》の形《かた》を取《とり》て、即《すなは》ち市に行《ゆき》ぬ。人極《きはめ》て多かりと云へども、此《これ》に似たる童無し。暫《しばら》く居《ゐ》て、「若《もし》や」と思ふ程に、此似《これにに》たる童出来《いできたり》ぬ。其形《そのかた》を取出て競《くら》ぶるに、露違《つゆたがひ》たる所無し。「此也《これなり》けり」と搦て、川成が許《もと》に将《ゐ》て行《ゆき》ぬ。川成此を得て見るに、其童極《そのわらはなればいみじ》く喜びけり。其比《そのころほひ》、此を聞く人極《いみじ》き事になむ云ける。

かつて百済川成という絵師がいました。彼は世に並ぶ者もいないほどの名人で、滝殿《たきどの》の庭石も彼が設計し、同所の御堂《みどう》の壁画もこの川成が描いたものでした。

ところがどうしたことか、この川成の従者をしていた童子が逃亡しました。四方八方手を尽くして捜しましたがみつかりません。そこである貴族の家の下部《しもべ》に逃亡した童子の探索を依頼することにしました。下部は「お安い御用ですよ。ですが私はその童子の顔をしりません。顔を知らないと捜しようがありません」と申します。「それはそうだ」と川成も下部の言葉に納得し、その場で、さらさらと童子の人相書《にんそうが》きを描きあげて、「この顔に似た童子を捕まえてきてくれぬか。東西の市は人が集るところだから、その辺に隠れているような気がする」とアドバイスします。下部は、その人相書きを持って市に行きますが、なにしろ人数のあまりに多いことですから、そうかんたんには見つかりません。それでも辛抱強《しんぼうづよ》く粘《ねば》っていると、「もしや」と思うほど似た童子がやってきました。川成から渡された人相書きと見比べてみると、そっくりです。「まちがいない」と確信して、その童子を捕らえて、川成のもとに連れてゆきました。川成は、その童子がまさに捜していた童子だったので、大喜びしました。

これは、さらさらと描いた川成の人相書きが、本人そっくりだったから、本人に会ったこともない下部にも探し出すことができたという、川成の技術の高さを誇る話です。あくまでたとえ話にすぎないかもしれません。ですが、この話を実話に基づいたものと考えますと、一つの疑問がわいてきます。

それは、なぜ川成が人を雇ってまで、逃亡した童子を捜し求めたか、ということです。その童子がたんなる従者でしかないならば、新たな従者を雇えばすむことです。わざわざ捜したりする必要はありません。逆に考えますと、この童子は川成が手を尽くして探し出す必要のある童子であったということになります。それでは、そのような童子とは、どんな童子なのでしょうか。

①知り合いから託されていた大事な童子であった

②その童子が川成本人にとって大事な存在であった

という、この二つの場合が考えられます。

両方とも可能性はあります。しかし①の場合ですと、まず童子の安否が問題になりますから、貴族の下部を雇う前に、童子を託した知人に事の次第を話すのが道理です。もちろん、童子が逃げ出したということは、川成の家に不満があってのことですから、それを隠したいという気持ちがあり、なんとか内密に事を済ませたいと考えた場合、知人に知らせずに、そっと探し出すということも考えられなくもありません。複数の人に捜索を依頼していないことも、その蓋然《がいぜん》性を高めます。

しかし、説話の最後に、当時の人は、この事件を聞いて、川成の技術は大したものだと評判したとありますから、人に隠している様子もありません。すると②の可能性が出てきます。では、絵師川成にとって必要な人物とは、どのような人物でしょうか。まず考えられるのは愛人ですが、これは世間に知られたくないことでしょうから、先に評判のことを勘案しますと、これは考えから除外しなければなりません。すると、やはり絵師の仕事に関わることと考えるのが穏当でしょう。

先にみた宮廷画工房の組織においても、画師《えし》の下には彩色者や丹調童がいました。絵師が描線で絵を描きあげた後に、その絵に彩色《さいしき》する人々がおり、その彩色のための絵の具を調合《ちょうごう》する人たちもいるわけです。「従者の童」と書かれている童子も、あるいは丹調童のような存在だったのではないでしょうか。そして、童子の絵の具を調合する才能が優れていたため、川成はどうしても手放したくなくて、わざわざ人を介してまで捜そうとした、と考えるのはどうでしょうか。

まだまだ芸術が職業として普及していない時代には、絵師の思い通りの色を調合できる才能をもった人物は数少なかったことと推測されます。それだけに童子への川成の要求は厳しくなり、その厳しさに耐えられなくなって童子は逃亡したのかもしれません。

百済川成という人

百済川成を絵師と表現してきましたが、実はそれは正確な記述ではありません。彼は珍しく、正史に記録がある人物です。その記録をここに列記してみましょう。

A 『続日本後紀』承和七年（八四〇）六月二十二日
備中介外従五位下《げじゅごいげ》余河成《よのかはなり》・右京大属正《だいさくわんしやう》六位下余福成《ふくなり》等三人に、姓百済朝臣《くだらのあそむ》を賜る。其れ先は百済国の人也。

B 『続日本後紀』承和十二年正月七日
天皇、豊楽院《ぶらくゐん》に御《おは》す。群臣を宴《うたげ》す。詔して（中略）百済宿禰《すくね》河成（中略）並びに従五位下を授く。（中略）日暮れて禄を賜るに差有り。

C 『続日本後紀』承和十三年二月二十九日
百済宿禰河成を安芸介《あきのすけ》と為《な》す。

Aの史料より、百済川成がもとは余氏《よし》であったことがわかります。佐伯有清氏の『新選姓氏録の研究』によりますと、余氏は百済王族の旧姓です。余を旧姓とする氏族には、百済朝臣・百済公《きみ》・百済王などがいます。余氏の中には王族ではなく、百済から亡命してきた氏族もいたと考えられます。川成も百済王族であったかどうかはわかりませんが、先祖が百済出身であったことだけは確かです。

Aの史料で川成が「外従五位下」を与えられていることは、川成の本貫が大和や山城ではなかったことを推測させます。外従五位下というのは、しばしば地方豪族に与えられた官位だったからです。『新選姓氏録』和泉国諸蕃に百済公の存在が認められますから、あるいは川成の本貫もそこだったかもしれません。

川成の人物について最も詳しく記しているのが、『日本文徳天皇実録』仁寿三年（八五三）八月二十四日の川成の卒伝です。

壬午。地震。散位《さんい》外従五位下百済朝臣河成卒《そつ》す。河成は本姓余《よ》。後に百済と改む。武猛《ぶまう》に長じ、能《よ》く強弓を引く。大同三年、左近衛と為《な》る。図画を善《よ》くするを以て、しばしば召見《せうけん》せらる。写す所の古人は真《まこと》にして、及び山水草木等は皆自生の如し。昔、宮中に在りしに、或る人をして従者を喚ばはしむ。或る人辞するに、未《いま》だ顔容を見ざるを以てす。河成、即ち一紙を取りて、其の形体を図《ゑが》く。或る人遂《つひ》に験得す。其の機妙の類、此《かく》の如し。今、画を言ふ者、みな則《のり》として取らむ。弘仁十四年、美作権少目《みまさかのごんのせうさくわん》を拝し、天長十年、外従五位下を授かり、累遷す。承和年中、備中介と為《な》り、次で播磨介と為る。時の人、之《これ》を栄えとす。卒する時、年《よはひ》七十二。

これをみますと、川成は最初、武勇で有名となり、左近衛府に勤めるようになったようです。仁寿三年に七十二歳で卒していますから、生年は延暦元年（七八二）となります。そうしますと左近衛府に勤めた大同三年（八〇八）は二十七歳の時のこととなります。まずまずの年齢での任官といえましょう。

ところが、川成は武勇と同時に絵画をもよくし、その技術によって朝廷に召されることがしばしばであっ

図4　絵師の家

たと言います。ことにその写実性はみごとで、古人も本人の如く、自然物も鏡に移すが如く描いたとあります。その技術が高く評価されて、彼は左近衛に勤務してから十五年目の弘仁十四年（八二三）に美作の国司《こくし》に任じられています。役職は守《かみ》ではなく、権少目《ごんのしょうさかん》と四等官《しとうかん》の最下級ですが、それでも立派なものです。その後、介とはいえ備中・播磨と豊かな国の国司を歴任します。この時期に川成は財産を蓄えたことでしょう。そして亡くなる時には、人々から「栄之」と言われ、七十二歳まで天寿を全うしたのですから、幸福な人生を送ったといってよいでしょう。

川成の絵画伝承

ところで、この卒伝に「或る人をして従者を喚《よ》ばわしむ。或る人辞《じ》するに、未《いま》だ顔容を見ざるを以てす。河成、即ち一紙を取りて、其の形体を図く。或る人遂に験得《げんとく》す」と記されているのが注意を引きます。まさに『今昔物語集』巻二十四第五話「百済川成飛騨工挑語」の話と同じ内容です。話そのものは『今昔物語集』の方が詳しいのですが、一つだけ卒伝にあって、『今昔物語集』にない記述があります。それは「宮中に在りしに」という記述です。

これを川成が左近衛として宮中に詰めている時と解釈しますと、随分と内容が変わってきます。これですと、勤務中に用事ができて、従者に頼みたいが傍にいないので、誰かに従者を呼んできてもらいたい。そこで似顔絵を描いて、みごと従者を呼び寄せたという話になります。ここでは従者であればよく、従者に絵画の才能は必要なくなります。むしろ、卒伝では純粋に川成の筆力のみが語られています。

では、川成は左近衛府に勤務していた頃に、絵画にまったくかかわらなかったかと申しますと、そんなことはありません。「図画を善くするを以て、しばしば召見せらる」とありますから、川成の絵画技術は広く人に知られるところで、天皇・貴族にまで噂は達し、絵画の用事を仰せつかることもあったと考えられます。川成のそこそこの出世も、彼の技術の賜物《たまもの》なのです。そうしますと、川成は常に画材を身辺に携えていた可能性もあります。彼が雇っていた従者も、たんなる使い走りではなく、やはり絵画に関係する技術をもった人物を選んでいたとも考えられます。もちろん本職が近衛舎人ですから、武勇の優れた従者も雇っていたでしょう。でも、絵画に役立つ従者も必要だったということです。

こうした川成の周辺の状況が、卒伝に見られる事実から、『今昔物語集』に描かれた説話へと増幅していったことは充分ありえます。その説話化にあたって、成人した従者よりも幼い「童」が工房を逃げ出したとする方が、話に幅が生まれます。最初に私たちが想像したように、『今昔物語集』を読んだ鎌倉時代の人々も、なぜ童子は逃げ出したのだろう。きっと工房の教えが厳しかったからに違いない。そんな想像が、さらなる想像を生み出し、名人川成の才能をより大きなものに感じさせる働きをしたことでしょう。

飛騨の工との技比べ

百済川成の技術の高さを物語る話が、先の説話の続きに記載されています。表題となった飛騨の工《たくみ》との技量くらべの話です。

而るに、其比《そのころほひ》、飛騨の工《たくみ》と云ふ工《たくみ》有けり。都遷《みやこうつり》の時の工也。世に並無《ならびな》き者也。武楽院《ぶらくゐん》は其工《そのたくみ》の起《たて》たれば微妙《みめう》なるべし。

而る間、此工《このたくみ》、彼の川成となむ各《おのおの》の態《わざ》を挑《いどみ》にける。飛騨の工、川成に云く、「我が家《いへ》に一間《いつけん》四面《しめん》の堂《だう》をなむ起《たて》たる。御《おは》して見給へ。亦、『壁に絵など書《かき》て得させ給へ』となむ思ふ」と。互《たがひ》に挑乍《いどみなが》ら、中吉《なかよ》くてなむ戯《たはぶ》れければ、「此《か》く云《いふ》事也」とて、川成、飛騨の工が家に行《ゆき》ぬ。行《ゆき》て見れば、実《まこと》に可咲《をかし》気《げ》なる小さき堂有り。四面に戸皆開《みなひらき》たり。飛騨の工、「彼の堂に入《いり》て、其内《そのうち》見給へ」と云へば、川成延《えん》に上《あがり》て南の戸より入らむと為《す》るに、其戸はたと閉《と》づ。驚《おどろき》て廻《めぐり》て西の戸より入る。亦《また》其の戸はたと閉《とぢ》ぬ。亦南の戸は開《ひらき》ぬ。然《しか》れば北の戸より入るには其戸は閉《とぢ》て、西の戸は開《ひらき》ぬ。亦東の戸より入るに、其戸は閉て、北の戸は開ぬ。如此《かくのごとく》廻々《めぐるめぐ》る数度《あまたたび》入らむと為《す》るに、閉開《とぢつひらき》つ入る事を不得《えず》。侘《わび》て延《えん》より下《おり》ぬ。其時に飛騨の工咲《わらふ》ふ事無限《かぎ(り)なし》り。川成、「妬《ねたし》」と思て返《かへり》ぬ。

名人は名人を知る、ということでしょうか、川成は工匠の飛騨の工とたいへん仲が良かったようです。この飛騨の工がいたずら心を出して、からくり仕掛けに造ったお堂に川成を招きます。川成が南から入ろうとすると、その戸がぱたんと閉まり、次に西の戸から入ろうとすると、今度は西の戸が閉まり、先ほどの南の戸が開きます。北の戸から入ろうとすると北の戸が閉まり、西の戸が開くといった具合いで、堂々巡りでどうしてもお堂に入れません。そこまでならばよかったのですが、あまりに川成の苦労する様子が可笑しかったので、飛騨の工は大笑いしすぎて、笑いやみませんでした。それが川成をかちんと怒らせたのです。

其後、日来《ひごろ》を経て、川成、飛騨の工《たくみ》が許《もと》に云遣《いひや》る様、「我が家に御座《おはしま》せ。見せ可奉物《たてまつるべきもの》なむ有る」と。飛騨の工、「定めて我を謀《はか》らむずるなめり」と思《おもひ》て不行《ゆ(か)ぬ》かを、度々《どど》懃《ねむごろ》に呼べば、工、川成が家に行き、此来《かくきた》れる由を云《いひ》入れたる、「此方《こなた》に入《いり》給へ」と令云《いはし》む。云《いふ》に随《したがひ》て、廊《らう》の有る遣戸《やりど》を引開《ひきあけ》たれば、門《かど》に大きなる人の黒み脹臰《ふくれくさり》たる臥《ふ》せり。臰《くさ》き事《こと》鼻に入様《いるやう》也。不思懸《おもひかけざる》に此《かか》る物を見たれば、音《こゑ》を放《はなち》て愕《おびえ》て去《のき》返《かへ》る。川成内に居《ゐ》て、此の音を聞て咲《わら》ふ事無限《かぎ(り)なし》り。飛騨の工、「怖《おそろ》し」と思《おぼえ》て土《つち》に立てるに、川成其遣戸《そのやりど》より顔を差出《さしいで》て、「耶《や》、己《おの》れ此《か》く有けるは、只来《ただきた》れ」と云ければ、恐々《おづお》づ寄《より》て見れば、障紙《しやうじ》の有るに、早う、其《その》死人の形《かた》を書《かき》たる也けり。堂に被謀《はかられ》たるが、妬《ねた》きに依《より》て此《か》くしたる也けり。

今度は川成が飛騨の工を招待しました。飛騨の工の方は、仕返しを用心して出かけました。自分が笑いすぎたために、川成が気分を害して帰ったことは重々承知しているのです。注意しながら招かれた家に入ったにもかかわらず、戸を開けた途端、飛騨の工は腰を抜かしてしまいました。そこには、大柄の人間の死体があったからです。その死体はかなり以前に死んだようで、全体に黒ずみ、体内で醗酵したガスで膨れあがっていました。死臭の臭さは鼻が曲がりそうなくらいです。あまりの気持ち悪さに、飛騨の工は叫び声をあげて、外に飛び出しました。

すると、「どうかしましたか。どうぞご遠慮なくお入りください」と、川成が涼しげな顔で、飛騨の工を招きます。飛騨の工は、いやいや近づき、目を凝《こ》らして先ほどの死体を見ると、なんとそれは障子に川成が描いた絵だったという話です。川成の絵がみごとなゆえに、絵が立体感をもって感じられ、臭いさえも漂わせたという話です。名人の絵が夜な夜な動き出したり、目を入れた龍が絵から飛び出して天に昇ったというような話は、中国や日本によくある話です。

平安時代の絵師

川成の絵が生命をもった絵であったことは、先の説話によく伝えられています。彼がいかにしてその技術を身につけたのかはわかりません。おそらく川成は、本人が絵を描くことがとても好きだったのでしょう。誰を師匠とすることもなく、ただ自己流で絵を描いていたのが、もって生まれた才能を開花させたのかもしれません。

川成が画所《えどころ》の職員ではなく、左近衛舎人であったり、地方国司であることをどのように理解するかが問題になります。川成が一般官人であることを、未だに専門絵師の登場しない段階にあったと解釈することもできます。しかし、宮廷画家、国家お抱えの絵師がいなくても絵画は存在します。また、絵師が職業として成り立たなくても芸術は生まれます。宮廷画家が成立するかしないかは、国家が芸術に関心を持つか持たないか、財政的に余裕があるかないかの問題に過ぎないのです。平安時代の人々が美を愛し、芸術を求めているかどうかとは、まったく異なる次元の問題なのです。ところが、これまでは常に制度的整備がなされないと存在しないかのように扱ってきました。それは制度と芸術の問題を混乱させていたためです。

川成は一個の天才です。それゆえ川成は特別に扱うべきでしょうが、彼のように専門家でなくとも、自分で好んで絵を描く人が現れていることのほうが重要なことではないでしょうか。宮島新一氏は、承和三年の遣唐使に絵師として河内国出身の良枝宿禰《よしえのすくね》朝生《あさお》がいることを指摘して、「このことは平安遷都後、四十年を経てからも都には遣唐絵師にふさわしい人材が見あたらず、文化的先進地である河内国に求めなくてはならなかったことを意味していよう」（『宮廷画壇史の研究』）と述べておられます。

しかし、私は逆ではないかと考えます。河内国《かわちのくに》を文化的先進地とする根拠もよくわかりませんが、それよりも平安京の絵師たちを押しのけて、河内国の住人に遣唐絵師に選ばれる人材が育ったと考えるべきではないでしょうか。宮島氏の論理ですと、讃岐国《さぬきのくに》出身の空海が遣唐使に選ばれたのは、平安京で仏教が未発達だったからということになります。

むしろ絵画技術の広まりが、畿内諸国にまで絵画の才能をもった人物を輩出させるに至ったと理解すべきでしょう。もちろん絵師に対する評価はまだ定まっていないし、あったとしても低いものでしょう。それは、ある意味、どの時代にも共通してあるものです。なぜなら絵画の才能というものは未知数であり、安定したものではないからです。しかし、絵師・画家に対する評価と、絵画そのものに対する評価はまったく別のものです。絵画や芸術作品は、作者の世間的評価とは別に、正当になされるものです。現代でも、ピカソやゴッホの絵に対する評価は高くても、自分の子どもが画家になりたいと言い出すと、たいていの親は難色を示します。それと同じような評価が、平安時代にも他の時代にもあるのではないでしょうか。

第二節　音曲の名人・源博雅

日本人の音楽

この節では音楽家について検討してみたいと思います。近年は東儀《とうぎ》秀樹さんが登場して、雅《が》楽《がく》というものが少しは一般の人々にも親しまれるようになりました。これまでは雅楽といいますと、なにか儀式の時に流れる古臭い音楽というイメージが強くあったのですが、笙《しょう》の音《ね》は改めて聴きますと、心の奥底に自然と響いてくる、えもいわれぬ音色であることに気付きます。

現代人は、小学校以来、あるいはそれ以前から西洋音楽あるいは西洋楽器の音になじまされてきました。西洋音楽には、西洋音楽なりのよさがあります。私たちは明治維新以来、外国の音楽を学び、それに親しむ努力をしてきました。そのことは音楽の幅を広げるためにとてもよいことだったと思います。ところが、途中から日本の音楽や和楽器を忘れがちになってしまっています。

このような現象は、実は平安時代にも起こっています。天暦二年（九四八）に大内裏に楽所《がくしょ》が設けられますと、雅楽の担い手も雅楽寮の楽人から、楽所の左右衛府の官人たちへと変化し、音律・楽器なども変化しました。具体的には、それまでに入ってきていた高麗《こま》楽・百済楽・新羅楽・唐楽・度羅《とら》楽・渤海《ぼっかい》楽・林邑《りんゆう》楽が、左方楽と右方楽の二系統に整理されます。簡単にまとめますと左のようになります。

左方楽…唐楽（林邑楽を含む）
右方楽…高麗楽（新羅楽・百済楽を含む）

さらに音階も日本的に呂と律の二旋音階にまとめられ、簡素化がなされます。それに対応して、楽器も単純化され、瑟《しつ》・阮咸《げんかん》・竽《う》・簫《しょう》などは用いられなくなりました。

左方楽…横笛・篳篥《ひちりき》・笙・箏《そう》・琵琶・太鼓・鞨鼓・鉦鼓

右方楽…狛笛・篳篥・太鼓・三鼓・鉦鼓

これが、今日まで伝わる雅楽の原型となります。簡単に申しますと、平安時代までに中国や朝鮮半島などの外国から取り入れられた音楽を、十世紀に日本的に整理しなおして、日本人に合った音楽を創りあげたということでしょう。そして新しい音楽の普及には、音階の単純化、楽器の簡素化が役立ちます。

この時の雅楽は、基本的にはその後も伝統的に引き継がれますが、音楽そのものは時代とともに変遷をみます。新しい時代には新しい音楽が生まれます。伝統と革新は常に攻守所を変えて繰り返されるのです。

逢坂の関の蝉丸

『今昔物語集』巻二十四第二十三話「源博雅朝臣行会坂盲許語《みなもとのひろまさのあそむあふさかのめしひのもとにゆくこと》」に、源博雅《みなもとのひろまさ》という当代一流の音楽家の話が出てきます。彼も専門の音楽家ではなく、貴族の特技が高じて、専門家を越えた実力者となった人物です。

今昔、源博雅朝臣《みなもとのひろまさのあそむ》と云人《いふひと》有けり。延喜《えんぎ》の御子《みこ》の兵部卿《ひやうぶきやう》の親王《みこ》と申人《まうすひと》の子也。万《よろづ》の事止事無《やむごとな》かりける中にも、管絃の道になむ極《きはめ》たりける。琵琶をも微妙《みめう》に弾《ひき》けり。笛をも艶《えもいは》ず吹《ふき》けり。此人、村上の御時《おほむとき》に、□の殿上人《てんじやうびと》にて有ける。

其時に、会坂《あふさか》の関に一人の盲《めしひ》、庵《いほり》を造《つくり》て住《すみ》けり。名をば蝉丸《せみまろ》とぞ云ひける。此れは敦実《あつみ》と申《まうし》ける式部《しきぶ》卿の宮の雑色《ざふしき》にてなむ有ける。其の宮は宇多法皇の御子にて、管絃の道に極《きはま》りける人也。年来《としごろ》、琵琶を弾給《ひきたまひ》けるを常に聞て、蝉丸、琵琶をなむ微妙に弾く。

主人公の源博雅朝臣は、醍醐天皇の皇子の兵部卿《ひょうぶきょう》親王の息子でした。どの分野にも万能でしたが、こと

図5　源博雅関係系図

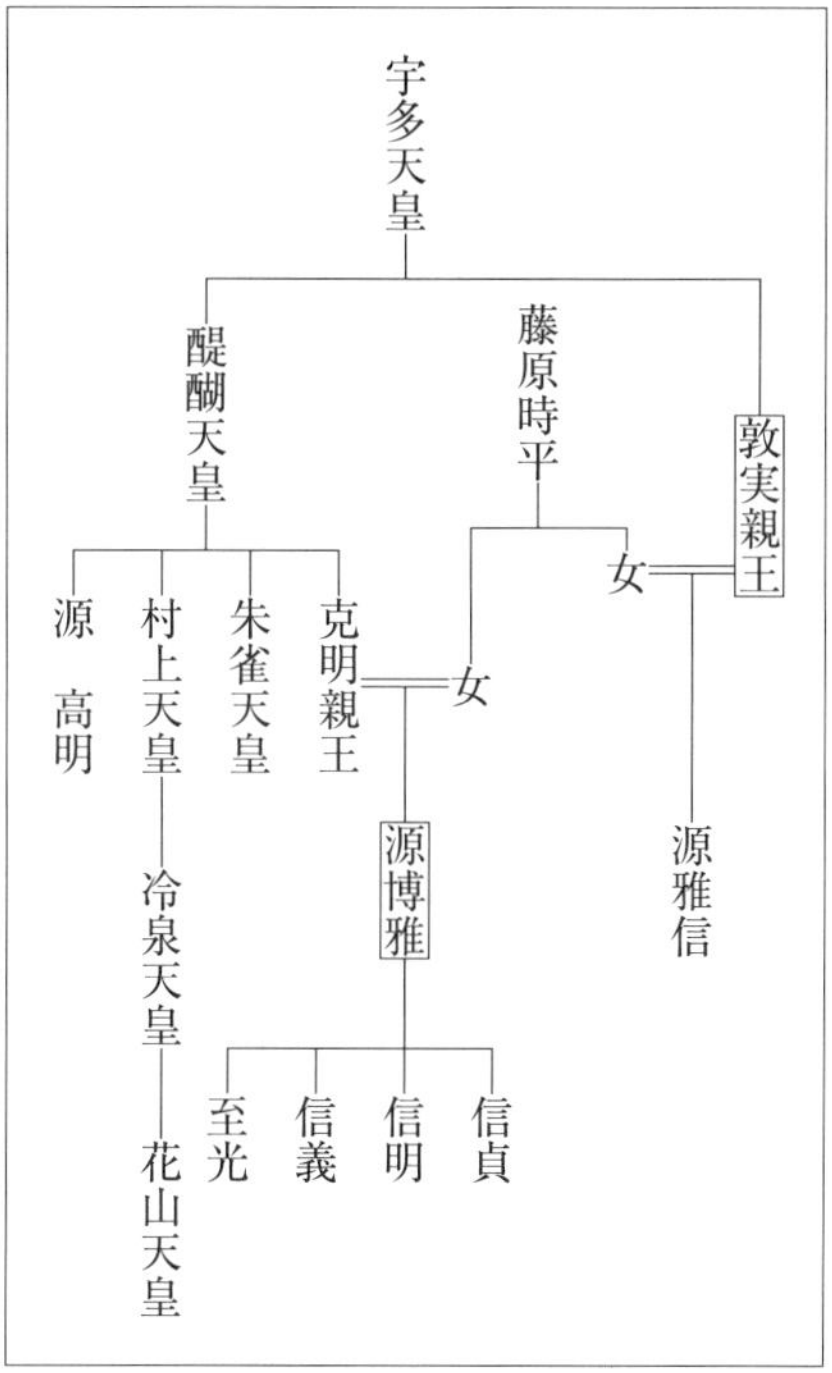

に管絃《かんげん》の道においては達人でした。琵琶もみごとに弾けば、笛も妙《たお》やかに吹きました。博雅朝臣は、村上天皇の時に殿上人となりました。

その頃のことです。逢坂《おうさか》の関に一人の盲人が庵《いおり》を建てて住んでいました。その盲人とは蟬丸《せみまる》のことです。蟬丸は、もとは敦実《あつみ》親王という式部卿宮の雑色《ぞうしき》でした。この皇子は宇多法皇の息子で管絃の道に秀でた人でした。蟬丸は、この宮が琵琶を弾くのを傍に仕えて長年聴いていたので、蟬丸自身も自然と琵琶を覚えて、独自の音を出せるようになっていました。

以上が『今昔物語集』の設定です。この話は『江談抄《ごうだんしょう》』第三（六三）にも「博雅三位琵琶を習ふ事」として同じ話が載せられています。こちらの方は、「会坂《あふさか》の目暗《めくら》」とだけあって、蟬丸という固有名詞は書かれておりません。盲目の琵琶奏者ということと逢坂に居住するという二つの条件から、のちに蟬丸と断定されたものでしょう。蟬丸といいますと、私たちは百人一首の「これやこの行くも帰るも別れては知るも知らぬも逢坂の関」という蟬丸の歌と、法体の絵が思い浮かびます。

今も三条橋から真東に進み、蹴上《けあげ》から山科《やましな》を経て近江《おうみ》に向かいますと、長等《ながら》山のふもとに蟬丸神社があり、その上社の近くには逢坂関《おうさかのせき》の址があります。実際に源博雅が蟬丸に琵琶を習ったかどうかは別問題としまして、『江談抄』も『今昔物語集』も、共に設定は蟬丸を想定していると考えて間違いないでしょう。

蟬丸がどういった人物かは不明です。のちには皇子説もでますが、これは信用できません。ここでは敦実親王の雑色となっています。盲目で雑色とすると、どのような仕事に従事したのでしょうか。本来の日常的雑務に従事するには不便です。むしろ最初から琵琶などの管絃を得意として、それによって親王の相手をしていたと考える方が自然です。のちには『平家物語』を音楽に合わせて語る琵琶法師と呼ばれる盲人が登場します。

現代とは違って、盲人は社会生活を送るのに、大きなハンディキャップを背負っていました。その中で、音楽は主として耳を重視し、視力はそれほど重視されません。あるいは早くから音楽は盲人に開かれた世界だったのかもしれません。

源博雅と管絃

博雅は兵部卿親王の子とされています。兵部卿親王とは醍醐第一皇子の克明《かつあき》親王のことです。博雅は一般には博雅三位《はくがのさんみ》と呼ばれていました。雅楽の「長慶子《ちょうげし》」（太食調）の作曲者としても有名で、当代きっての音楽通でした。『古今著聞集』巻六にも、「博雅卿は上古にすぐれたる管絃者《くわんげんのもの》也けり」と書かれ、『江談抄』にも、「博雅の三位の横笛を吹くに、鬼の吹き落さると」と、博雅の技術の高さを伝えています。それでは『今昔物語集』の続きをみましょう。

而る間、此《この》博雅、此道を強《あながち》に好《このみ》て求《もとめ》けるに、彼《か》の会坂《あふさか》の関の盲《めしひ》、琵琶の上手なる由を聞て、彼の琵琶を極《きはめ》て聞《きか》ま欲《ほし》く思《おもひ》けれども、盲の家異様《ことやう》なれば、不行《ゆかず》して、人を以て内々《うちうち》に蟬丸に云《いは》せける様《やう》、「何《な》ど不思懸所《おもひかけぬ》には住《すむ》ぞ。京に来ても住《すめ》かし」と。盲此《これ》を聞て、其《その》答へをば不為《せず》して云く、

世中《よのなか》は　とてもかくても　すごしてむ　みやもわらやも　はてしなければ

と。使返《つかひかへり》て此由を語《かたり》ければ、博雅此《これ》を聞き、極《いみじ》く心憾《にく》く思へて、心に思ふ様、「我れ強《あながち》に此の道を好

むに依《より》て、必ず此盲に会はむと思ふ心深く、其《それ》に盲の命《いのち》有らむ事も難《かた》し。亦我も命を不知《しらず》。琵琶に流泉《りうせん》、啄木《たくぼく》と云曲有り。此《これ》は世に絶《たえ》ぬべき事也。只《ただ》此盲のみこそ此《これ》を知《しり》たるなれ。構《かまへ》て此が弾《ひく》を聞かむ」と思て、夜、彼の会坂の関に行《ゆき》にけり。然《しか》れども、蟬丸、其の曲を弾く事無かりければ、其後三年《みとせ》の間、夜々《よなよな》会坂の盲《めしひ》が庵《いほり》の辺《ほとり》に行て、其曲を、「今や弾く、今や弾く」と窃《ひそか》に立聞《たちきき》けれども、更に不弾《ひかざ》りけるに、三年と云八月《いふはづき》の十五日の夜、月少上陰《すこしうはぐもり》て、風少し打吹《うちふき》たりけるに、博雅、「哀《あは》れ、今夜《こよひ》は興《きよう》有か。会坂盲《あふさかのめしひ》、今夜こそ流泉、啄木は弾《ひく》らめ」と思て、会坂に行て立聞けるに、盲琵琶を掻鳴《かきなら》して、物《もの》哀《あはれ》に思へる気色《けしき》也。

博雅、此《これ》を極《きはめ》て喜《うれし》く思《おもひ》て聞く程に、盲《めしひ》独り心を遣《やり》て詠じて云く、

あふさかの　せきのあらしの　はげしきに　しゐてぞゐたる　よをすごすとて

琵琶を鳴《なら》すに、博雅これを聞《きき》て、涙を流して哀れと思ふ事限無《かぎりな》し。

博雅はその頃、琵琶に夢中になっていたのでしょう。逢坂の関の盲人が琵琶の名手であると聞いて、なんとかしてその琵琶を聴いてみたいと思います。ところが、そこは親王の息子、盲人の家がみすぼらしいということなので、自分で行くことはせず、使いを出して、「どうしてそのような所に住んでいるのですか。京にお住まいになってはいかがですか」と尋ねさせます。現代の私たちが聞くと、「よけいなお世話ですよ。お育ちのいい人にはわからない事情もあるのですよ」と言いたくなるような博雅の態度です。しかし、なんといっても天皇の孫ですから、これくらいの失礼は、下層の盲人に対しては失礼に当らないのでしょう。

それに対して盲人は和歌で返答します。

世中《よのなか》はとてもかくてもすごしてむ　みやまもわらやもはてしなければ

（この世はどのような場所でも生きてゆけるものです。それが宮殿であろうと藁屋であろうと同じこと。いずれ

図６　琵琶を弾く図

は消えてなくなるものなのです）

使いからこの歌を知らされた博雅は、かえって盲人に興味を覚えます。このへんが、ただの貴族のおぼっちゃまと違うところでしょう。怒って無視するどころか、「極《いみじ》く心憾《にく》く」感じるわけです。博雅が盲人に固執するには理由がありました。それは、この盲人だけが流泉《りゅうせん》・啄木《たくぼく》という二曲を知っていたからです。博雅は、この二曲をなんとかして知りたかったのです。

ここから博雅の苦難が始ります。「なんとかしてこの二曲を弾くのを聴きたい」と念じて、今度は他人を遣わすのではなく、自分自身で出向いて、曲が流れてくるのを待ちます。しかしなかなか盲人は、博雅が待っている二曲を弾いてくれませんでした。とうとう博雅は、三年間というもの毎夜々々、この二曲が弾かれることを期待して、逢坂の関の盲人の庵に通い続けました。しかし、盲人は弾いてくれませんでした。

ところが三年目の八月十五夜に、とうとう期待の流泉・啄木の二曲を聴くことができました。その日は月に雲がかすかにかかり、風もそよいでいる夜でした。いかにも情趣溢《あふれ》れる雰囲気に、音楽家ならば弾かずにはいられない気分です。博雅が感じたのと同じように、盲人も感じていました。そして誰が聴いているとも知らず、感興のままに琵琶を弾じたのです。その琵琶の音に、博雅は感動のあまり涙を流し、感じ入ったのでした。

いよいよ、二人の感動的な出会いの場面です。名人と名人の出会いはどのようになるのでしょうか。

博雅と盲人の出会い

盲独言《ひとりごと》に云く、「哀れ、興有《あ》る夜《よ》かな。若《も》し我れに非ず□者や世に有らむ。今夜《こよひ》、心得たらむ人の来《きたれ》かし。物語せむ」と云《いふ》を、博雅聞《きき》て、声を出《いだ》して、「王城に有る博雅と云者こそ此《ここ》に来たれ」と云《いひ》ければ、盲の云く、「此《かく》申すは誰にか御座《おはしま》す」と。博雅の云く、「我は然々《しかしか》の人也。強《あながち》に此道を好むに依て、此の三年《みとせ》、此庵の辺《ほとり》に来《き》つるに、幸《さいはひ》に今夜汝《なむぢ》に会《あひ》ぬ」。盲此を聞て喜ぶ。其時に、博雅も喜び乍《ながら》、庵の内に入て、互《たがひ》に物語などして、博雅、「流泉、啄木の手を聞かむ」と云ふ。盲、「故宮《こみや》は此《かく》なむ弾給《ひきたま》ひし」とて、件《くだん》の手を博雅に令伝《つたへしめ》てける。博雅、琵琶を不具《ぐせざ》りければ、只口伝《くでん》を以て此を習《ならひ》て、返々《かへすがへす》喜《よろこび》けり。暁に返《かへり》にけり。

盲人は、博雅が近くで自分の琵琶を聴いているとは知りませんから、「ああなんとも、興趣が高まる夜だなあ。私だけでなく、今宵の情緒を感じる人が他にもいるだろうになあ。もしそんな人が、今日だけは訪ねてきてくれたら、語り明かしたいものだなあ」と独り言を呟きました。これを聞いた博雅は、今こそチャンスだと思い、姿を現します。「自分はあなたの琵琶が聴きたくて、三年間、ここに通い詰めた者です。ようやく今宵、貴方に会うことができました」と喜びをあらわしました。盲人も、博雅の熱意を感じ取り、博雅を庵に招き入れ、語り合いました。博雅は思い切って「流泉・啄木の弾き方を教えて欲しい」と頼みました。盲人は「私にこの曲を伝授してくれた式部卿宮はこのように弾きましたよ」と口伝《くでん》してくれました、とあります。

博雅が琵琶を持参していなかったために、「口伝」となったとありますが、「口伝」だけでは伝授は不可能でしょう。当然、盲人が手本を弾いて、わからないところを博雅が尋ねるといったことが行われ、最終的に、微妙な調べを出すには、どのような弾き方をすればよいかが実演伝授されたのでしょう。『今昔物語集』は、この後に、「此《これ》を思ふに、諸《もろもろ》の道は只如此《かくのごとく》可好《このむべ》き也。其れに、近代は実《まこと》に不然《しからず》」と、近年の若者は執心度が低いことを歎き、それゆえに、「末代には諸道に達者《たつしや》は少き也」と達人が少なくなることを予言しています。

三年間も通い、しかもその来訪を盲人に告げずに、盲人の気持ちが自然に琵琶を弾く情趣になるまで待つというのは、なんとも芸術家らしい風流さではありませんか。わからないことがあればすぐに人に聞くという現実的な態度とはかけ離れたところに音楽や芸術の妙味があるようです。しかし、あえて現実的に博雅の三年間の通いについて考察してみましょう。たとえ夜のこととはいえ、逢坂の関まで京内から毎夜通うことは不可能でしょう。また、最初は盲人の家がみすぼらしくて訪ねるのが嫌だったのでしょうが、それを越える興味が湧いたならば、まっすぐに盲人宅を訪ねればよいはずです。それを、盲人が琵琶を弾くのを庵の傍で待ち続けるなどという奥ゆかしい方法をとっています。「自分は琵琶に執心していて、流泉・啄木の曲をなんとか極めたい。ご指導ねがえないだろうか」とストレートに頼んでみることも、博雅の身分なら可能でしょう。一度目は断られても、熱心に頼み込めば、もっと早く教授してくれたかもしれません。ですが、それでは、流泉・啄木の曲の価値も下がり、音曲の道のえもいわれぬ風趣が伝わりません。やはり、作者は「諸の道は只如此可好《このむべ》き也」ということを、博雅を借りて主張したかったのでしょう。

最後は次のように締めくくられています。

蟬丸賤《いやし》き者也《なり》と云へども、年来《としごろ》、宮の弾給《ひきたま》ひける琵琶を聞き、此極《かくきはめ》たる上手にて有《あり》ける也。其《それ》が盲に成《なり》にければ、会坂には居たる也けり。其《それ》より後、盲琵琶《めしひのびは》は世に始《はじま》る也、となむ語り伝へたるとや。

これによりますと、蟬丸は式部卿宮の雑色であった頃は、眼が見えており、盲人となってから逢坂の関に住むようになったことになります。すると、音楽で宮に仕えたという推測とは異なることになります。盲人琵琶の始原を語る話となっています。ただし後世の謡曲「蟬丸」では、蟬丸は幼くして盲人となったため、父の醍醐天皇の命で逢坂山で出家させられています。これが事実とは思いませんが、そのように設定した方が、話が面白くなるということでしょう。いずれにしましても、途中の本文はすべて「盲《めしひ》」で通しているのに、冒頭と末尾だけに「蟬丸」が登場するのは、のちの加筆であることの証左でしょう。

玄象という琵琶

この話の主人公は源博雅ですが、話題の中心は琵琶です。琵琶といいますと、『江談抄』巻第三（五六）には琵琶の名品が八品列記されています。

玄象《げんじやう》、牧馬《ぼくば》、井出《ゐで》、渭橋《ゐけう》為尭、木絵《もくゑ》、元興寺、小琵琶《こびは》、無名《むみやう》

『枕草子』七十八段にも、同じように琵琶の名品が列記されています。

御前にさぶらふ物どもは、御琴も御笛も、皆珍しき名付きてぞある。琵琶は玄上、牧馬、井出、渭橋、無名など、又、和琴なども、朽目《くちめ》、塩釜、二貫《ふたぬき》など聞ゆ。

とあります。さらに『拾芥抄』にも、名物として、

玄上、牧馬、井出、渭橋、良道、木絵、小琵琶、末濃、無名、
已上、之を十名物と称するか。

と記されています。そして、『江談抄』第三には、玄象・牧馬・井出・小螺鈿・元興寺・小琵琶の逸話がそれぞれ記されています。この第一番目にあげられている玄象という琵琶については、『江談抄』と『今昔物語集』の両方に逸話が記載されています。『江談抄』の方は、玄象が盗まれて行方不明となり、天皇が加持祈禱《きとう》させたところ、その所在が朱雀《すざく》門の楼上であることがわかり、犯人は朱雀門の鬼とされたという話です。

図7　朱雀門

これが『今昔物語集』巻二十四第二十四話では、たいへん詳しくなり、玄象を見つけ出すのは源博雅ということになります。

而る間、源博雅と云人《いふひと》殿上人にて有り。此人、管絃の道極《きはめ》たる人にて、此《この》玄象の失《うせ》たる事を思ひ歎《なげき》ける程に、人皆静《しづか》なる後に、博雅清涼殿《せいりやうでん》にして聞《きき》けるに、南の方《かた》に当《あたり》て、彼の玄象を弾く音《おと》有り。極《きはめ》て怪《あやし》く思へば、「若《も》し、僻耳《ひがみみ》か」と思て、吉《よ》く聞くに、正《まさ》しく玄象の音也。博雅此《これ》を可聞《ききあやま》誤《るべ》き事に非《あらね》ば、返々《かへすがへす》驚き怪《あやし》むで、人にも不告《つげず》して、襴《なほし》姿《すがた》にて、只一人沓許《くつばかり》を履《はき》て、小舎人童《こどねりわらは》一人を具《ぐ》して、衛門《ゑもん》の陣を出《いで》て、南様《みなみざま》に行くに、尚《なほ》南に此音《このおと》有り。「近きにこそ有けれ」と思て行くに、朱雀門《しゆじやくもん》に至《いたり》ぬ。

名器玄象の紛失を聞いて残念がっていた博雅の耳に、当の玄象の音色が聴こえてきました。最初は空耳《そらみみ》かと半信半疑でしたが、その音色に誘われて、博雅は朱雀門まで来てしまうのです。ところが音色はさらに門を越えて南方から聴こえてきます。そして、とうとう博雅は羅城門まで来てしまうのです。博雅は、あまりの奇妙さに、「此は人の弾《ひく》には非《あら》じ。定めて鬼などの弾くこそは有《あ》らめ」と考えます。その時、音色が止んで、天井から玄象が縄にくくられて降りてきました。博雅は恐る恐る受け取り、村上天皇に戻し奉ったということです。天皇は感激して「鬼の取りたりける也」と仰せられたのです。

事件の解決には、鬼の奏《かな》でる玄象の音色を聴き分ける博雅の優れた耳が必要だったのです。普通の人では聴き取れない音色も、管絃の達人である博雅にだけは聴き取れたわけです。そのような達人にならば鬼も玄象を返してもよいと考え、玄象自身も戻ってもよいと考えたという設定です。

実はこの玄象という琵琶は楽器でありながら「生《いき》たる者の様《やう》にぞ有」て、下手な弾き手だと音を出さないという不思議な琵琶だったのです。機嫌が悪いと鳴らないというのです。また火事の時には、勝手に自分で庭に避難していたという話も伝わっています。ようするにこのような我儘《わがまま》な玄象にも、博雅は合格点をもらえる数少ない人物であったということです。

民間の音楽

琵琶は弦楽器です。雅楽となると、荘重なリズムが思い浮かびますが、あるいは現代のクラッシックギターのような存在だったのかもしれません。博雅は作曲もしていますから、私たちが考える以上に、もっと気軽に弦をかき鳴らすということがあったのかもしれません。即興で曲をつくるというのは、今のシンガーソングライターのようなものでしょうか。

日本人は比較的音楽が好きな人種だと思います。労働歌をはじめとして、生活の中に音楽が深く根付いています。十世紀の音楽革命も、楽器を単純化し、多くの人間が楽器に親しめるという効果も生んでいます。実は名人といわれた博雅にしても、専門の楽人ではありません。いわば貴族の趣味がアマチュアはおろかプロの域をも越えたわけです。そう考えますと、博雅ほどではなくても、琵琶をかき鳴らし、音楽に親しんだ貴族たちは他にも大勢いたと考えられます。貴族の流行は、庶民にも降りてきて、管絃の楽しみが、庶民の間にも広がったことが推測されます。

庶民の間で流行したのは催馬楽《さいばら》です。催馬楽は、八世紀末から畿内で歌われた民謡に狛楽《こまがく》系のメロディー

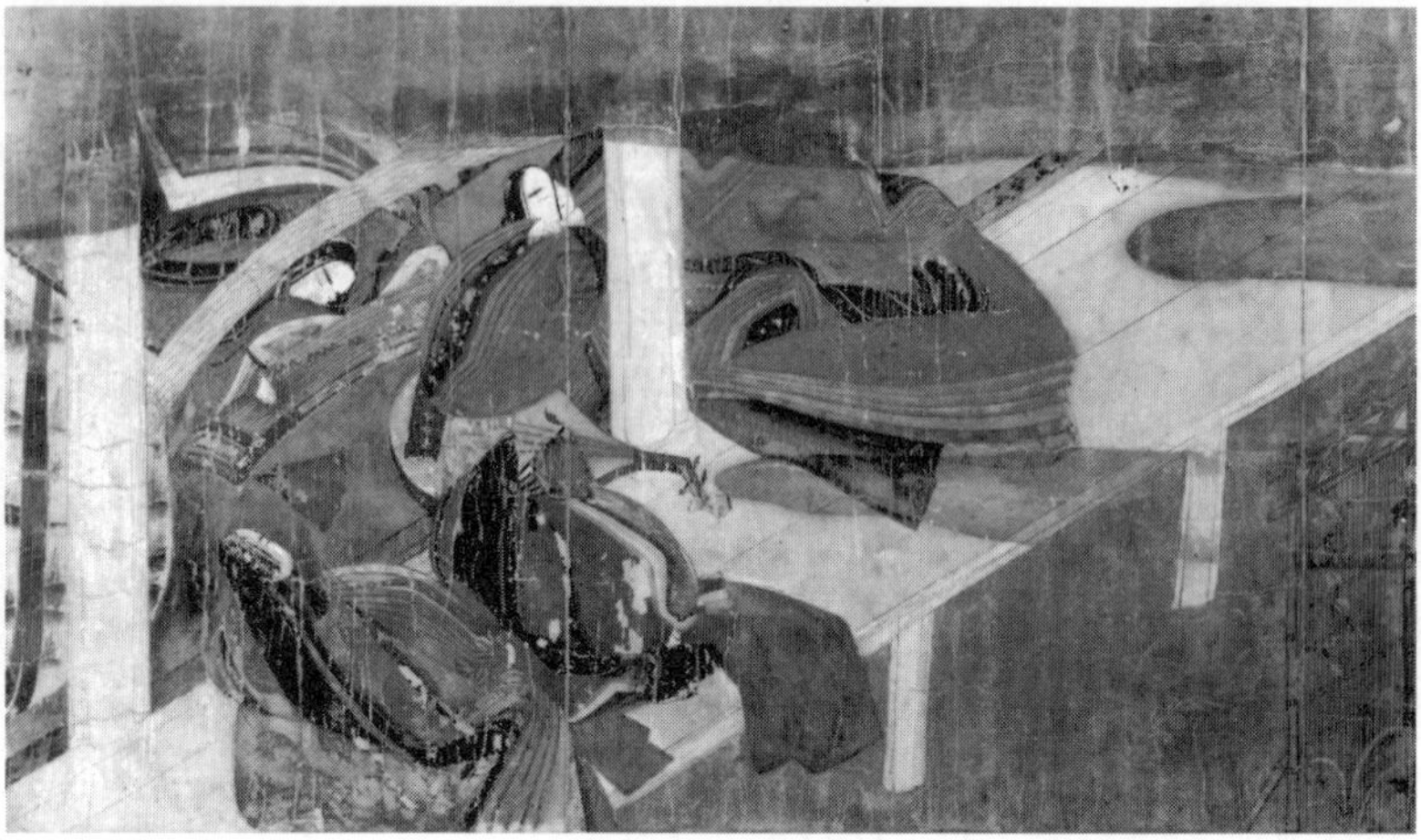

図８　合奏の図

が結びついてできあがったものです。狛楽系としますと、楽所の右方楽系と考えられます。右方楽は狛壱越調・狛平調・狛双調子の三調子にまとめられていたからです。としますと右方楽には弦楽器がありませんから、笛・篳篥・鼓が中心です。ここには残念ながら琵琶は入っていません。琵琶は左方楽系なのです。

しかし、現存の催馬楽伝授の系譜によりますと、源家《げんけ》流は、宇多天皇の皇子・敦実《あつみ》親王から始まり、その息・源雅信《まさのぶ》に伝わり、藤家《とうけ》流は、源博雅からその息・至光《ゆきみつ》へと伝承されたとあります。ここにも博雅が関与しています。

最後に、『紫式部日記』から管絃を楽しむ様子をみたいと思います。寛弘七年（一〇一〇）正月十五日の敦良《あつなが》親王の五十日の産養の日の様子です。

御あそびあり。殿上人は、この対《たい》の辰巳《たつみ》にあたりたる廊《らう》にさぶらふ。地下《ぢげ》はさだまれり。景斉《かげまさ》の朝臣・惟風《これかぜ》の朝臣・行義《ゆきよし》・遠理《とをまさ》などやうの人々。上《うへ》に、四条の大納言拍子《はうし》とり、頭弁琵琶、箏は□、左の宰相中将笙《さう》の笛とぞ。

双調《そうでう》の声にて安名尊《あなたうと》、つぎに席田《むしろ》、この殿などうたふ。曲《ごく》のものは、鳥の破急《はきう》をあそぶ。外《と》の座《ざ》にも調子《てうし》などを吹く。歌に拍子うちたがへてとがめられたりしは、伊勢の守《かみ》にぞありし。

ここには琵琶・箏・笙などを演奏して、楽しく宴する様子が描かれています。そして興が乗ってきますと、「安名尊」「席田」「この殿」といった催馬楽が歌われています。楽器演奏の方は雅楽寮や楽所の存在で確認できますが、歌い手についてはよくわかりません。しかし、歌手の存在が不明だからといって、歌が歌われなかったとはけっして誰も考えないでしょう。

絵にしましても、音楽にしましても、芸術が職業になるというのは、なかなかに難しいことです。宮廷画所や楽所のような存在は、芸術家よりも高度な技術者を必要としたはずです。芸術とは、そうした技術の上にさらにプラスアルファが必要です。それは、作品を商売の対象としない執着度や、技術を越えた創造性が問題となります。その意味では、天性の才能を前提としながら、それを活かすことができる条件が必要です。つまり芸術家が作品に専念できるためには、パトロンの存在が必要なのです。それには社会が経済的に安定した裕福さを持っていなければなりません。もし、そうでなければ、芸術家本人が経済的に豊かであることが条件となります。源博雅の場合などがそれに当てはまります。貴族たちこそが、管絃の道に精通したのは、まさに彼らこそが経済的富裕層だったからにほかなりません。

画所《えどころ》の官人たちが、国家をパトロンとしながらも、貴族の私邸の装飾に協力してアルバイトをしたのも、型にはまった仕事から、自由な創造性を発揮できる場を求めて行ったという面もあるでしょう。そうして、芸術の才能をもった人は、貴族の中だけに生まれたわけはなく、下級官人や庶民の中にも生まれていたはずです。彼らは別の本業をもちながら、自分の才能をどこかで開花させていたことでしょう。専門家の存在は重要ですが、実はプロを凌ぐアマチュアの存在が、古代にあってはより重要だったように思われます。

第六章　昔も変わらぬ食生活

擂り鉢をする女

第一節　下級官人の食事

店屋物の登場

現代人は、朝夕の二食は家庭で摂ることが多いけれど、昼食に関しては、むしろ外食が多いのではないでしょうか。もちろん家でつくったお弁当を食べる学生や勤め人もいるでしょうが、学生食堂や社内食堂の利用者も多いはずです。さらには、お昼くらいは気分転換をはかろうと、外食店で食事をする人も多いはずです。

東京のオフィス街などでは、そういった社内食堂・外食店の数が間に合わず、屋台のお弁当売りまで利用されています。コンビニエンス・ストアーでお弁当を買う人もいれば、ハンバーガー・ショップを利用する人もいるはずです。いわゆる店屋物《てんやもの》で昼食をすましているわけです。

店屋物というのは、飲食店から取り寄せた食事のことです。いわゆる「出前《でまえ》」のことですが、自分で買ってきたお弁当類も、この仲間に入ります。ハンバーガーなどのファーストフードは、店で食べることもあるし、持ち帰って家や会社で食べることもできるので、外食と店屋物の中間的存在です。

ところで、この店屋物や外食はいったい、いつごろから存在するのでしょうか。すぐに届けるといって、なかなか届かないことを「蕎麦《そば》屋の出前」と言いますが、蕎麦屋が江戸時代にはすでに屋台の食事として存在していたことは有名です。時代劇などでもよくみかけますし、落語にも「時蕎麦《ときそば》」という演題があります。江戸時代考証家の三田村鳶魚《えんぎょ》氏は、元禄十三年（一七〇〇）の地震火事の後に、焼け跡に一串三文で田楽《でんがく》売りが出たのが、往来で食べ物を売るようになった端緒であると述べていますが（『鳶魚江戸文庫5娯楽の江戸　江戸の食生活』）、室町時代の風景を描いた洛中洛外図屛風をみますと、もっと早くから食べ物が往来で売られていたことは明らかです。

帯刀の陣で魚を売る女

　『今昔物語集』巻三十一第三十一話「大刀帯陣売魚嫗語《たてはきのぢんにいをうるおうなのこと》」には、帯刀陣《たちはきのじん》に魚料理を売りに来る女の話が登場します。

　今昔、三条の院の天皇の春宮《とうぐう》にて御《おはし》ましける時に、大刀帯《たてはき》の陣《ぢん》に常に来《きたり》て、魚《いを》売る女有《あり》けり。大刀帯《たてはき》共《ども》此れを買《かは》せて食ふに、味《あぢは》ひの美《むま》かりければ、此れを役《やく》と持成《もてな》して菜料《なのれう》に好みけり。干《ひ》たる魚の切々《きれぎれ》なるにてなむ有ける。

　而《しか》る間、八月許《はづきばかり》に大刀帯共、小鷹狩《こたかがり》に北野に出《いで》て遊《あそび》けるに、此の魚売《いをうり》の女出来《いでき》たり、大刀帯共、女の顔を見知《みしり》たれば、「此奴《こやつ》は野には何態《なにわざ》為《す》るにか有らむ」と思て、馳寄《はせより》て見れば、女、大きやかなる籭《したみ》を持《もち》たり。亦楚《すはえ》一筋を捧《ささげ》て持たり。此の女、大刀帯共を見て、怪《あやし》く逃目《にげめ》を仕《つか》ひて只騒ぎに騒ぐ。大刀帯の従者共寄《より》て、「女の持たる籭《したみ》には、何の入《いり》たるぞ」と見むと為《す》るに、女惜《をし》むで不見《み》せぬを、怪がりて引奪《ひきばひ》て見れば、蛇を四寸許《しすんばかり》に切《きり》つゝ入《いれ》たり。奇異《あさまし》く思て、「此は何の料《れう》ぞ」と問へども、女更《さら》に答ふる事無くて□て立てり。早う、此奴のしける様《やう》は、楚《すはえ》を以て藪を驚かしつゝ、這出《はひいづ》る蛇を打殺して切つゝ、家に持行《もてゆき》て、塩を付《つけ》て干《ほし》て売ける也けり。大刀帯共、其れを不知《しら》ずして、買《かは》せて役と食《くひ》ける也けり。

　此れを思ふに、蛇は食《くひ》つる人悪《あし》と云ふに、何《な》ど蛇の不毒《どくせ》ぬ。

　然《しか》れば、其の体憒《ていたしか》に無くて切々ならむ魚売らむをば、広量《くわうりやう》に買《かひ》て食はむ事は可止《とどむべ》し、となむ此《こ》れを聞く人云繚《あつかひ》ける、となむ語り伝へたるとや。

三条院がまだ東宮であった頃の話として、帯刀陣にいつも魚料理を売りに来る女性がいました。彼女の売

図1　店棚の絵

る魚はとても味がよかったので、帯刀《たちはき》たちがお得意さんとなって、好んでおかずにしていました。それは干し魚を細切《こまぎ》れにしたものでした。

八月のある日、帯刀たちが小鷹狩りに北野に出かけた時に、いつもの魚売りの女に出会いました。帯刀たちは、女の顔を見知っていましたので、「あれ、あの女はこんな所にいったい何の用でいるのだろう」と訝《いぶか》しく思い、馳せ寄りますと、女は大きな竹の籠を持ち、木の鞭《むち》を一本手にしていました。不思議な格好です。しかも、女は帯刀たちを見ると、目をそらして、あたふたと逃げるそぶりをみせます。いよいよ怪しい様子です。

帯刀の従者たちが駆け寄って、女の持っている竹籠には何が入っているのか確かめようとしました。女は隠してみせようとはしません。いっそう怪しく感じて、女から力ずくで竹籠を奪い取り、中をあらためました。すると、竹籠の中には蛇が四寸（約十二センチメートル）ほどに切って入れてありました。従者たちは、ぎょっとして「これはなんだ！　この蛇をどうするつもりだ」と問い詰めましたが、女はだんまりを決め込んだまま立っていました。

しかし、帯刀たちにも従者たちにも事態は理解できました。おそらく女は、木の鞭で藪をつつき、這《は》い出してきた蛇を打ち殺し、四寸ばかりに切り刻み、家に持ち帰って、塩を付けて干して、魚と偽《いつわ》って売っていたのでしょう。自分たちは、そうとも知らず、魚とばかり信じて、それを喜んで買って食べていたのです。

この話は、道端《みちばた》で行商されている食品、とくに料理されたものは気をつけないと、とんでもない物を食べることになるという戒《いまし》めです。もともと、『今昔物語集』は、仏教的なお説教くさいところがありますから、これなども、現代でいうところの「買い食い」を良くないことと述べているのでしょう。

しかし、常に家にいる人や、お金持ち、頭脳労働者はともかくとして、外で働く肉体労働者や夜勤の人などは、どうしても外食や買い食いをしがちです。本来の食事以外に、補食《ほしょく》が必要なのです。平安時代の給与の一つに要劇料《ようげきりょう》というのがあります。これは、基本的には激務に携わる人たちの手当てです。いわば激務で疲労した人たちに補食を与えるための手当てなのです。帯刀たちも、いつもではないでしょうが、補食を必要とする日もあったでしょう。

官人たちの買い食いについて、『延喜式』左右京式20衛士坊《えじぼう》条に次のような規定があります。

凡そ京中の衛士《ゑじ》・仕丁《じちやう》等の坊は、商賈《しやうこ》することを得ず。但し酒食は此の例に在《あ》らず。

京中を警護する衛士・仕丁が居住する坊では商売することを禁じます。ただし酒や食品はこの規定から除外します、という規則です。基本的に商売または購買は、七条にある東市か西市ですることになっていて、それ以外での売買は禁止されていたのです。これは衛士坊や仕丁坊に限られたことではありません。どこでも同じように禁止されていました。この規則の要点は次の酒食は除外するという部分です。つまり衛士坊と仕丁坊では酒食に限って売買を許すということに主眼があるのです。彼らは交替制で夜勤もあり、市の閉まった時間帯にも食事を必要としました。それゆえの免除規定だったのです。

また、同じく弾正台式《だんじょうだいしき》95東西仕丁坊条には、

凡そ東西の仕丁の坊の販鬻《はんしゆく》は、一切禁断す。但し酒食は禁ずる限りに在らず。

とあります。東の京・西の京に配置されている仕丁坊における販売・購買は全面的に禁止します。ただし酒食はこの規定から除外します。これも、先ほどの左右京式の規定と同じです。帯刀たちも、これらの規定にみえる衛士・仕丁と同じように考えられます。『延喜式』に免除規定はありませんが、職務内容に類似の部分がありますから、お腹が空《す》くのは同じです。どうしても買い食いをしてしまう官職なのです。

真実を知った帯刀《たちはき》たちは、どう思ったでしょうか。もちろんだまされたことに怒りをおぼえたことは間違いありません。ところで、彼らは蛇を食べたことを気持ち悪いと感じたでしょうか。

蛇を食べる

当然、中には神経質に感じた人もいたことでしょう。ですが、多少の不快感はあっても、食べた蛇の切り身自体は、美味しかったことは間違いなかったはずです。

蛇の生身の姿を思い浮かべますと、いささかグロテスクな感じがしますが、切り身にしますと、蛇《へび》も鰻《うなぎ》・穴子《あなご》もそれほど違いはないのではないでしょうか。ここでは塩漬けにした干し身ですが、蒲焼《かばやき》にするとほとんどわかりません。北海道などにはヤツメウナギの蒲焼がありませが、あれなどは普通の鰻より歯ごたえが強く、温かいうちでないと食べにくいものですが、珍味として喜ばれてもいます。

鰻については、『万葉集』巻十六・三八五三に、

石麿《いはまろ》にわれ物申す夏瘦《やせ》に良しといふ物そ鰻《むなぎ》取り食《め》せ

とあるように、奈良時代より夏痩せ防止の食べ物と意識されていたようです。ようは栄養価の高い鰻を食べて、夏バテを防止しようということです。これは今でも同じように土用《どよう》の日には鰻を食べるという習慣として残っています。

蛇を進んで食べるということは少ないでしょうが、薬としてならば別ではないでしょうか。蝮酒《まむしざけ》は現在も精力剤として考えられています。蜥蜴《とかげ》の黒焼きなども強壮剤として耳にします。鰻や穴子も、生き血は毒

性が強く、目に入ると失明するといいます。もちろんこういったことは、平安時代に蛇を食べていたことの証明にはなりません。

ただ、魚と信じて食べていた時には、「味《あぢは》ひの美《むま》かり」と感じていたことは事実なのでしょう。また『今昔物語集』の作者も、そのことを認めていたために、外食品には何が使われているかわからない好例として、蛇と魚の説話を記載したものと考えられます。味わいがよいということが、一般に知られていたならば、珍味として食する人たちもいた可能性はあります。

門の下の販女

さらに『今昔物語集』巻三十一第三十二話に「人見酔酒販婦所行語《ひとさけにゑひたるひさきめのしよぎやうをみること》」という話に、店売り商品としての鮨鮎が登場します。

> 今昔、京に有《あり》ける人、知《しり》たる人の許《もと》に行《ゆき》けるに、馬《むま》より下《おり》て其の門《かど》に入《いり》ける時に、其の門の向也《むかひなり》ける旧《ふる》き門の閉《とぢ》て人も不通《かよは》ぬに、其の門の下に、販婦《ひさきめ》の女傍《かたはら》に売る物共入れたる平《たひら》なる桶を置き臥《ふ》せり。「何《いか》にして臥《ふし》たるぞ」と思て打寄《うちより》て見れば、此の女酒に吉《よ》く酔《ゑひ》たる也けり。
>
> 此《か》く見置《みおき》て其の家に入て暫く有《あり》て出《いで》て、亦馬に乗らむと為《す》る時に、此の販婦の女驚き覚《さめ》たり。見れば、驚くままに物を突《つく》に、其の物共入れたる桶に突き入《い》れてけり。「穴穢《あなきた》な」と思て見る程に、其の桶に、鮨《すし》鮎《あゆ》の有けるに突懸《つきかけ》けり。販婦、「錯《あやまち》しつ」と思て、忩《いそぎ》て手を以て其の突懸たる物を、鮨鮎にこそ韲《あへ》たりけれ。此れを見るに、穢《きたな》しと云へば愚也《おろかなり》や。肝《きも》も違《たが》ひ心も迷《まど》ふ許思《ばかりおぼ》へければ、馬に急ぎ乗《のり》て、其の所を逃去《にげさり》にけり。

いささか汚い話で申し訳ありません。少し我慢して読んでください。ある人が知り合いの家を訪ねた時のことです。その家の向かいの門の下で行商をしている販婦《ひさぎめ》が、商品を平らな桶に入れてうつ伏せていました。どうしてうつ伏せになっているのかと、近寄ってみますと、なんとあきれたことにその販婦は酔っ払っていたのです。

　酔っ払った販婦を放置して、その人は知人の家に入り、しばらくしてから出てきました。彼がちょうど馬に乗ろうとした時です、かの販婦が突然目を覚まして、そのいきおいで食べた物を、商品が入った桶の中に吐き出してしまいました。件《くだん》の人は、それを見ただけでもうウッときました。ところが、さらに信じられないことに、販婦は、「しまった！」と言いながら、桶の中の鮨鮎《すしあゆ》に吐き出したものを混ぜ込んでいるではありませんか。もう汚いどころではありません。件の人の気持ち悪さは頂点に達してしまいました。お腹の方からきゅんと酸っぱいものがこみあげてきそうな感じです。とにかくここには居たくない。そんな気持ちで逃げ出すように、馬に乗って走り去りました。

図2　魚を販ぐ女

　この後、件の人はそれ以来、鮨鮎というものを一切食べなくなったという話が続きます。店で売っているものはもちろん、自分の家でつくったものでも鮨鮎と名がつけば食べないという徹底振りで、他人にも「鮨鮎だけは食べるのはよしなさい」と忠告してまわるほどになったということです。そして、鮨鮎を見かけようものなら、汚げに唾を吐いて、逃げ去るようになってしまったのです。

　そして、『今昔物語集』の作者は、次のように忠告します。

然れば、市町《いちまち》に売る物も販婦《ひさきめ》の売る物も極《きはめ》て穢《きたな》き也。此れに依《より》て少《すこし》も叶《かなひ》たらむ人は万《よろづ》の物をば目の前にして慥《たしか》に調《てう》ぜたらむを可食《くふべ》き也、となむ語り伝へたるとや。

ようするにちゃんとした市町で売っている物も、行商の販婦が売る物も、どちらも売り物は不潔ですよ。こういうことですから、少しでもお金に余裕のある人は、何でも目の前で調理した物を食べるべきですと、語り伝えられています。

ここからは二つのことがわかります。一つは、平安京で売られている食品の中には衛生的ではないものがけっこうあったということ。二つ目は、それを知りながらも経済的に余裕がない人たちは、それを購入して食べていたということです。平安京で行われた春のやすらい祭も夏の祇園祭も、疫神祓いの祭礼という意味があります。疫神《えきしん》とは、かんたんに言ってしまいますと季節の流行病をもたらす病原菌のことです。

都市は人間が集まるだけではなく、さまざまな病原菌も集まりました。人工的に造りあげた街路や側溝《そっこう》がスムーズに機能すれば別ですが、いったん機能を停止してしまうと、それを修復するのはたいへんです。たとえば、側溝がゴミなどでつまり、汚水が街路に溢《あふ》れ、それによって街路が崩れるということが重なり、しばらく放置されると、そこには病原菌が大量発生する要因が生まれます。

図3　歯槽膿漏の男

またしばしば氾濫《はんらん》したといわれる鴨川も問題です。河原には動物の死体が放置され、時には人間の死体も放置されていました。それが洪水で街区に流されてくると、これもまた病原菌の繁殖の原因となります。これらの病原菌の発生しやすい時期に、祭礼をもうけて疫神を祓い鎮めるためのお祈りをしたのが、やすらい祭であり祇園祭です。

このような病原菌の発生しやすい都市平安京における

食品は、いかに衛生面で気をつけても非衛生的になるのを避けることはむつかしいのです。蛇を干魚と偽《いつわ》って売る女を先に見ましたが、東西の市町《いちまち》にも干魚鄽《ほしうおのみせ》が設けられていたことが、『延喜式』東西市式にみえます。もちろんここではいいかげんな食品は売っていなかったでしょうが、調理済みの食品は、原材料が何であったか、どのような状態であったかは、買い手にはわかりません。

神経質になれば、『今昔物語集』が言うように、目の前で調理されたものでなければ、なにも信用できないのです。しかし、それは現代でも同じことがいえます。デパートの地下は食料品店であることが多いのですが、夜に警備の方が地下に行くと、床面がゴキブリで真っ黒になっているという噂を聞きます。私たちは、それを平気で購入して食べています。誉められたことではありませんが、それですぐに死ぬということもありません。平安京でも、多くの経済的に余裕のない庶民は、やはり不衛生な食品を食べるしかなく、それを食べて生活していたのです。

鮨鮎という食品

件《くだん》の人が見るのも嫌がったのが鮨鮎《すしあゆ》ですが、鮨鮎はかなり一般的な食べ物でした。『延喜式』に記される食品の中で食材が判明するのは、鮎が一番多く、次が鮑《あわび》・貽貝《いがい》・鮒《ふな》の順番です。鮎は現代では高級魚となってしまいましたが、清流がたくさんあった平安時代には、一般的な川魚だったのです。何らかのかたちで税として鮨鮎を納めている国は、大和国吉野御厨《よしのみくりや》・伊賀・伊勢・美濃・丹波・但馬・播磨・美作・紀伊・阿波・筑後・肥後・豊前・豊後・大宰府の十三箇国と二所もあります。

それゆえ、調理方法も多彩で、『延喜式』には、鮨鮎のほかに煮塩鮎《にしおのあゆ》・煮塩年魚鮨・火乾《ひぼし》年魚・塩漬《しおづけ》鮎・押《おし》年魚《あゆ》・塩塗《しおぬり》鮎・漬塩《しおにつけた》年魚・煮乾《におしの》鮎などがみられます。

また鮨の方は、鮎以外に鮒・阿米魚《あめのうお》・大鰯・鰒《あわび》・貽貝・貽貝保夜交・貝鮹《かいだこ》・雑魚《ざこ》などの魚介のほかに、猪・鹿なども食材として使われていました。『延喜式』内膳式37造雑魚鮨条をみますと、

雑魚鮨十石・味塩魚六斗河内国江厨、進る所を造る料は、商布十六段・信濃麻百斤・白米一石・塩一石三斗。

とあります。これは調理方法ではありませんが、雑魚鮨を調理するのに必要な材料が書き出されています。布や麻は調理品を包んだり、寝かしたりする時に利用するのでしょう。白米と塩が調理のメイン材料となることがわかります。ここには現代の鮨に絶対必要な酢がみえません。ということは、もちろん握り鮨のようなものでも、早なれ鮨のようなものでもないということです。

現代の鱒鮨《ますずし》や鯖鮨《さばずし》は、保存食的な要素はありますが、税として運搬されても平気なほどはもちません。これらは米を鮨飯にして用いていて、保存の役割を果たすのは酢と塩なのです。それゆえ鮨飯が腐ると食べられなくなります。米を鮨飯として利用するのではなく、米を乳酸醗酵させて、それを保存材料とすれば、鮨の保存は長期に可能となります。現在でも、米の乳酸醗酵を利用して作る鮨があります。それは、滋賀県名産の鮒鮨《ふなずし》です。

鮒鮨は、まず鮒の内臓を取り出して、そこに塩を塗りこみ、炊いたご飯を入れて、そうしたものを何段にも重ねて、屋根裏などで乳酸醗酵させるものです。食べる時は、鮒鮨を薄くスライスして、別に炊いたご飯と一緒に食べます。そのままでも食べられますが、とてもしょっぱいものです。この漬けるために乳酸醗酵させた米は、ある程度は嘔吐《おうと》物と混ぜ合わせてしまってもわからない状態のものです。これは、『今昔物語集』に「鮨鮎本《もと》より然様《さやう》だちたる物なれば」と描かれている状態と一致します。

現代のように冷蔵技術が発達していなかった平安時代には、塩漬けや醗酵という方法で食品を保存していたのです。塩漬け食品は、塩分過多を引き起こします。庶民は肉体労働が多かったでしょうから、塩分を消費したでしょうが、貴族たちは肉体労働がほとんど皆無ですから、身体によくなかったことでしょう。醗酵食品の場合は、『今昔物語集』に記されたような汚物混入の危険性があったでしょう。

大工たちの食事

平安時代の鮨鮎は、今日の滋賀県でつくられている鮒鮨のようなものと考えてよいということがわかりました。庶民にとって、言葉通り米が主食で、それに菜がつき、鮨鮎のような塩辛いものでご飯をたくさん食べたのでしょう。清少納言が工匠の食事について書き残してくれているので、それを見たいと思います（『枕草子』第二百七十九段）。

たくみの物食ふこそ、いと怪しけれ。寝殿《しんでん》を建《た》てて、東の対《たい》だちたる屋を造るとて、たくみどもゐ並《な》みて物食ふを、東面《おもて》に出でてゐて見れば、先づ持て来るや遅《おそ》きと、汁物《しるもの》取りて皆飲《の》みて、土器《かはらけ》はつい据《す》ゑつ。次にあはせを皆食ひつれば、おものは不用なめりと見る程に、やがてこそ失《う》せにしか。二三人《ふたりみたり》ゐたりし者、皆させしかば、たくみのさがなめりと思ふなり。あなもたいなのことどもや。

これは大工たちの片づけ食いの様子を、清少納言が大工の気質としてとらえた文章です。最初に汁物を全部飲んでしまって、土器《かわらけ》はもう膳に据えてしまいます。そして次におかずを全部食べてしまいます。清少納言は、おかずを食べた時点で、ご飯はいらないのかなと推測しますが、これはみごとにはずれます。清少納言が気付かないうちに、ご飯は平らげられていました。

はたして大工たちの食事作法が、本当にこのような片づけ食いだったのでしょうか。なかなかむつかしいところです。あくまで、これは清少納言が目撃した一例にすぎません。清少納言自身も、ちょっと確信がもてないので、「二、三人いましたが、皆そのように食べましたから、きっと大工の気質なのでしょう」と述べています。ようは、二、三人の大工の食べ方しか見ていないということです。そして、その食べ方は清少納言にとっては、たいへん奇異で「あなもたいなのことども」と感じられたということです。

平安末期の貴族・藤原忠実《ただざね》（一一〇九～七五）の言談記録『富家語《ふけご》』（一一五一～六一年成立）に、次のような食事作法が記されています（二一二話）。

また、汁に各《おのおの》菜を具して持て来たらば、それを食するなり。此《こ》れ彼《か》れ食し交《ま》ずべからず。俗家にては冷汁を先とすべし。僧房にては温汁なり。もし比目《ひめ》を持て来たらば、比目を冷汁に漬け、例の飯を温汁に漬くなり。

また、晴には遠くの物を及びて夾《はさ》む事あるべからざるなり。土器《かはらけ》は箸をもつて曳《ひ》き寄すべからず。また、物かく事あるべからず。汁を食し畢《をは》りて後、また飯を少し入る。また、箸に飯のつかば、引くべし。飯を口してのごふ事あるべからず。

ここで「比目」とあるのは姫飯《ひめいい》のことで、現在の普通のご飯です。「例の飯」というのは、平安時代の普通のご飯で、現在の強飯《こわいい》のことです。どうやら、当時はご飯は汁に入れて食べたようで、姫飯は冷汁に、強飯は温汁に入れて食べています。そして汁を食べ終わってから、またご飯を少し入れて食べています。ただし、この時、注意しなければならないことは、「物かく事あるべからず」つまりがつがつと口にかけこんで食べてはいけないのです。

おかずに関しては、「此れ彼れ食し交ずべからず」とありますから、各々の菜は順番に片付け食いをするのがきまりでした。現在では「移り箸はしてはいけない」と言われますが、この方式ですと、順番に食べてしまっていますから、移り箸はありえないわけです。

もっとも、これは正式な食べ方です。私たちも正式な食べ方を知っていても、普段、それを完璧に行っているかというと、そうでもありません。最低限のルールを守っているだけです。大工たちも、自分の家ではどのように食べていたかは不明です。清少納言が目撃したのは、建築現場の食事風景です。いわば、非日常の場における食事といえましょう。

話が随分と脱線してしまいましたが、正規の食事以外に店屋物を食べたりする危険性、あるいは食品を売る側の裏側などを見てきました。技術的な時代差はありますが、現在と似たようなことがすでに平安時代に見受けられるといえましょう。

第二節　平安人のダイエット食

平安時代の肥満症

「人間食べ過ぎると太る」というのはどの時代にも共通した悩みの種です。

肥満で悩むのは現代人だけではありません。古代でも中世でも、人は誰しも肥満に悩みつつも、その食欲を抑えられない苦しみを受け続けているのです。『病草紙《やまいのそうし》』という絵巻物には肥満に苦しみ、両脇を抱えられないと歩くこともできない女性が描かれています。

平安時代の肥満児たちは、この苦しみをどのようにして解消したのでしょうか。『今昔物語集』巻二十八第二十三話に「三条中納言食水飯語《さむでうのちうなごんすいはんをくふこと》」というお話があります。

今昔、三条の中納言と云《いひ》ける人有けり。名をば□とぞ云ける。三条の右大臣と申《まうし》ける人の御子《みこ》也。身の才賢《ざいかしこ》かりければ、唐《から》の事も此の朝の事も皆吉《よ》く知《しり》て、思量《おもばか》り有り、肝太くして、押柄《おしがら》になむ有ける。亦、笙《しやう》を吹く事なむ極《きはめ》たる上手也《なり》ける。亦、身の徳なども有ければ、家の内も豊《ゆたか》なりけり。長《たけ》高くして、太りてなむ有ければ、太りの責《せめ》て苦しきまで肥《こえ》たりければ、医師和気重秀《くすしわけのしげひで》を呼て、「此く太るをば、何《いか》がせむと為《す》る。起居《たちゐ》など為るが、身の重くて、極《いみじ》く苦しき也」と宣《のたまひ》ければ、□が申《まうし》ける様、「冬は湯漬《ゆづけ》、夏は水漬《みづづけ》にて御飯《おもの》を可食《めすべ》き也」と。

かつて三条の中納言と呼ばれた人がいました。彼は三条の右大臣と呼ばれた人の息子で、とても頭がよかったので、中国の故事にも日本の故事にも、両方に通じておられた。また思慮深く、度胸もあり、積極的な性格でした。それだけでなく音楽も得意で、笙《しょう》も上手に吹き、致富《ちふ》の才能もあり、家産は豊かでした。

彼の外見はといいますと、身長は高く、とても太っていました。いささか太りすぎで、苦しいほどでしたので、医師の和気の某を呼んで、「このように太りすぎてしまったのをどのようにすればいいであろうか。このままでは立ち居するだけで、身体が重すぎて、苦しくて仕方がないのだ」と告げました。医師が申すには、「冬の食事は湯漬《ゆづ》け、夏は水漬《みずづ》けにしてご飯を食べてください」とのことでした。

前節で見ましたように、食事の際には、ご飯は汁に入れて食べるのが原則でした。『富家語《ふけご》』（一四二）をみましょう。

図1　肥満の女

食事には、箸は近く取るべからず。少し末つ方に寄せて取るべきなり。汁を食する事は、比目《ひめ》と例の飯《いひ》あるには、比目を冷汁《ひやじる》に漬けて食し、例の飯をば熱汁《あつじる》に漬くべきなり。ひとつひとつあるには沙汰に及ぶべからず。汁に漬けて後は一切膾《なます》を食せず。

ここでは、さらにご飯を汁に漬けて食べた後は、膾を一切食べないというルールが加わっています。強飯《こわいい》の場合は、そのままでは消化に悪いからでしょうし、汁につけて食べないと、ちょっとかたすぎて食べにくいだろうなと推測できます。熱汁につけるのも、硬さをほぐすためでしょう。姫飯《ひめいい》を冷汁につけるのは、強飯との対比の中から生まれた習慣ではないでしょうか。

　いずれにしても汁ですと具が入っていたり、ダシがありますから、栄養価が高くなります。ご飯をそのまま食べるのは苦しいから、栄養価のほとんどない水を汁の代わりとしたのでしょう。しかも、水分を摂《と》ると、その分だけ一時的には満腹感がでます。

三条の中納言

　この話は、『宇治拾遺物語』巻七第三話にほぼ同じ話が載っています。それによりますと、医師の名前は「薬師重秀《くすししげひで》」とあります。三条の中納言は、これまでの研究で藤原朝成《あさひら》（九一七〜七四）とわかっています。すると父の三条右大臣は藤原定方《さだかた》ということになります。医師の候補としては、典薬頭茨田滋秀《しげひで》（?〜九九八）が考えられます。ただそれでは『今昔物語集』の和気の某とは別人となります。和気氏で年代的に合うのは、和気時雨《ときさめ》（八八七〜九六五）とその息子正業《まさなり》（?〜九九四）・正世《まさよ》（九三三〜一〇一三）の三人です。ただし名前は「重秀」となりません。この名前は茨田滋秀と和気を組み合わせたものでしょうか。

　藤原朝成は、父は先の通り定方で、母は藤原山陰《やまかげ》の娘でした。延長八年（九三〇）十四歳の時に従五位下に任官しています。その後、天慶四年（九四一）二十五歳で昇殿を許され、天暦九年（九五五）三十九歳で蔵人《くろうど》頭《とう》、天徳二年（九五八）に四十二歳で参議に列しています。さらに勘解由《かげゆ》長官、近江守、法隆寺別当、伊予守、中宮大夫、検非違使別当などを歴任した後、この話の中納言に就任するのは天禄二年（九七一）の五十五歳の時のことでした。彼の経歴をみますと、有能であったかどうかは別としましても、さまざまな職種を経験していますから、事務的能力はそれなりにあったと考えられましょう。

　ことに近江守に就任していることは、藤原氏の中で彼が評価されていたことを意味します。なぜなら近江守は藤原氏代々の世襲的な地方官職だったからです。また、官人を監督する勘解由使の長官や、京中警護の検非違使別当に就任していることは、彼が有能な官僚であった可能性を示します。

そうした彼が天延二年（九七四）四月五日に享年五十八歳で薨去《こうきょ》することを考えますと、彼の死因の一つには肥満症があったのかもしれません。五十八歳は、当時としては若すぎるという年齢ではありません。しかし長寿の貴族はそれなりに八十歳、九十歳まで生きている人もいます。それから考えますと、貴族で還暦《かんれき》を迎えずに没した彼は、長生きはしていないといえるでしょう。ですから、この話で「身の重くて、極《いみじ》く苦しき也」と彼が自分の身体を心配するのは当然だったのです。

さて、医師からダイエット食を指導された三条の中納言は、その後、どうしたでしょうか。話の続きをみてみましょう。

痩せない水飯

其の時、六月許《みなづきばかり》の事なれば、中納言□を、「然《さ》は暫く居たれ。水飯食《すいはんくひ》て見せむ」と宣《のたまひ》ければ、□宣《のたま》ふに随《したがひ》て候《さぶらひ》けるに、中納言、侍《さぶらひ》を召せば、侍一人出来《いでき》たり。中納言、「例食《れいのじき》の様にして、水飯持《もて》来《こ》」と宣へば、侍立《さぶらひたち》ぬ。暫許《しばしばかり》有て、御台《みだい》片□を持参《もてまゐり》て、御前に居《す》へつ。台には箸の台二許《ふたつばかり》を居《す》へたり。次《つづ》きて侍、盤を捧《ささげ》て持来《もてきた》る。□の侍、台に居ふるを見れば、中の甕《もたひ》に白き□瓜の三寸許なる、不《き》切《ら》ずして十許盛《ばかりもり》たり。亦、中《ちう》の甕に鮨鮎の大きに広《ひろ》らかなるを、尾頭許《をかしらばかり》を押て、三十許《ばかり》盛たり。大きなる鋺《かなまり》を具したり。皆台に取り居へつ。

亦一人、大きなる銀《しろかね》の提《ひさげ》に大きなる銀の匙《かひ》を立て、重気《おもげ》に持《もち》て前に居《すゑ》たり、

朝成《あさひら》が痩せなければいけないと思った時がちょうど六月であったので、医師の重秀に「それでは、しばらくは水飯《すいはん》を食べてみようか」と宣言しました。さて、そうはいったものの、朝成の食事は次のようでした。まず一人の侍《さむらい》を召して、「いつもの食事のように水飯を持って来なさい」と命じます。侍は立ち去り、しばらくしてから台盤一対《だいばんいっつい》のうちの片方を持ってきて、朝成の前に据え置きました。台盤には箸置きだけが据

図２　貴族の食卓復元模型

えられてありました。続いて侍がお皿を持ってきました。給仕の侍がそれを台盤に据えるのを見ると、中型の皿に三寸ほどの白い干瓜を切らないまま十個ほど盛ってあります。また別の中型の皿には大ぶりの鮨鮎の尾頭《おかしら》付きのものを三十ほど盛ってあります。大きな金属製の椀が置かれています。すべて台盤に据え置かれていました。また別の侍が、大きな銀製の提《ひさげ》の器に銀製の匙《さじ》を入れて、重そうに持ってきました。

以上が、中納言朝成の水飯の食事の準備段階です。ところで、『宇治拾遺物語』との比較で申しますと、「其の時、六月許の事なれば」の前に、一つの話が脱落しています。それは、朝成が重秀の忠告通りに水飯食事に変えたところ、まったく効果が現れなかったので、再び重秀を召し出して、「いひしままにすれど、その験もなし（言われた通りにしましたが、効果はさっぱりありません）」と文句を言う場面が抜けているのです。不思議に思った重秀は、いったいどのように食事していたのか尋ね返します。それゆえ、「例食《れいのじき》の様にして、水飯持来《もてこ》（いつも食べているように水飯を用意して持ってきなさい）」という朝成の言葉が意味を持つようになるのです。そうでなければ、「例食の様にして」という言葉は意味がわからなくなります。

脱落した文字

そのほかにも、この場面は『今昔物語集』も『宇治拾遺物語』も、欠字が多いようで、意味のわかりにくい箇所がたくさんあります。たとえば「御台片□」というのがあります。まず欠字が一つあります。台盤とは、盤を載せる台のことで、座卓形式のテーブルのようなものを想像していただければよいでしょう。一対のうちの片方だけ使用するというのは、食事の量を減らしたというデモンストレーションでしょうか。

また「台には箸の台二許《ふたつばかり》を居《す》へたり」という表現もよくわかりません。『宇治拾遺物語』も「御台に箸の台ばかり据ゑたり」とあります。箸置だけを台盤に置いても仕方がありません。せめて箸と箸置だけを最初に置いておき、それからお皿は後から運び置かれるというのならば、わかります。ここは、どうしても「箸」の一字が脱落していると考えざるをえません。この後の場面でも箸が運ばれてきていませんから、ここで運ばれてきていると考えざるをえないのです。

また配膳役や給仕役の侍が何人も出てきますが、侍といっても彼らは武士ではありません。侍というのは、貴人に従事する者の通称で、まさに「さぶらう」人たちを意味したのです。かつては舎人《とねり》・資人《しじん》が従者として、位階に応じて貴人に付けられたのですが、九世紀末にはそれに代わる新しい従者制度として「侍」が生まれたのです。そして侍の詰める所として侍所《さむらいどころ》が誕生してきます。彼らは下級貴族の支流や下級官人出身の者が多く、この場合もおそらく下級官人で三条家に仕えていた従者たちと考えてよいでしょう。

さて食事の内容ですが、まず白い干し瓜があります。これは「白き□瓜の三寸許なる、不切《きら》ずして十許《とをばかり》盛たり」とあります。ところが『宇治拾遺物語』では「白き干瓜三寸ばかりに切て、十ばかり盛りたり」とあって、少し違います。前者ですと、三寸は干瓜の直径を表し、後者の場合は干瓜の切り身の長さを表すことになります。次に出てくる鮨鮎三十との関係で考えますと、長さ三寸に切った干瓜十切れでは、少々見劣りします。ここは『今昔物語集』の表現を採用して、直径三寸の白い干瓜を丸のまま十個と考えておきましょう。

鮨鮎は前節で見ましたように乳酸発酵させたナレ鮨です。これが三十ばかりあるわけです。滋賀の鮒鮨などは一切れあれば、ご飯一膳は食べられるくらいに塩辛いものです。これと同じではないでしょうが、大き目の鮨鮎が三十というのは、ものすごい量です。これを三条中納言は食べきるのでしょうか。

さて、いよいよ三条中納言の食事の様子です。医師重秀が見守るなかで、中納言の食事が始まります。

中納言の食べっぷり

然《さ》れば、中納言、鋺《かなまり》を取て侍《さぶらひ》に給て、「此れに盛れ」と宣《のたま》へば、侍匙《かひ》に飯《いひ》を救《すくひ》つゝ、高やかに盛上て、喬《そば》に水を少し入れて奉《たてまつり》たれば、中納言、台を引よせて、鋺を持上げ給たるに、然許《さばかり》大きなる手に取給《たま》へるに、「大きなる鋺かな」と見ゆるに、気《け》しくは非ぬ程なるべし。先づ□瓜を三切《みきれ》許に食切《くひきり》て、三つ許食《くひ》つ。次に鮨鮎《すしあゆ》を二切許《ふたきればかり》に食切て、五つ六つ許安《やす》らかに食つ。次に水飯を引寄せて、二度許箸廻《めぐら》し給ふと見る程に、飯失《いひうせ》ぬれば、「亦盛れ」とて、鋺を指遣《さしや》り給ふ。

其の時に、□、「水飯を役《やく》と食《めす》とも、此の定《ぢやう》にだに食《め》さば、更に御太《おほむふと》り可止《とど》まるべきに非ず」と云て、逃て去《さり》て後に人に語りてなむ咲《わらひ》ける。

然《さ》れば此《こ》の中納言、弥《いよい》よ太りて、相撲人《すまひびと》の様にてぞ有ける、となむ語り伝へたるとや。

まず中納言は鋺《わん》を取りあげて、給仕の侍に、「これに飯を盛れ」と命じます。侍は、言われた通りにご飯を高盛りによそって、水も少し入れて、形ばかりの水飯として差し出します。それを中納言は大きな手で受け取ります。鋺も大きなものなのですが、中納言の大きな手の中におさまると、それほど大きくは見えません。まず干瓜を三口ほどで三個ばかり食べ、次に鮨鮎を二口ほどで五、六匹を平らげました。そして水飯を引き寄せて、二度ほど箸を動かしたかと思うと、もう食べ終わっています。そしておかわりを催促します。

医師は、この食事振りにあきれてしまいました。「いくら水飯を主とした食事といっても、このように大食なされば、いっそう太るだけで、それを止めることはとうていできません」と言って、医師は退散して、人にこの話を語り広めました。そうして、中納言はいっそう太って、まるで相撲取りのようになってしまったということです。

これは滑稽話《こっけいばなし》に仕立てられています。水飯《すいはん》を食べるようにと忠告された場合、普通は他のものは食べないで、水飯だけの食事に制限するべきであると気付きます。ところが三条中納言は、水飯さえ食べれば痩せるはずと、自分に都合よく解釈して、水飯を美味しく食べるための工夫をこらします。それが干瓜と鮨鮎のおかずです。そして美味しく工夫した水飯を何杯もお代わりするのです。一度に鮨鮎を五匹食べるとしましても、三十匹ほど用意させてありますから、高盛飯を六杯は食べる勘定になります。これでは痩せません。

ある意味、三条中納言にしてみますと、食事制限はするつもりはなく、いわゆる「痩せ薬」を出して欲しいということなのでしょう。これは、ダイエットが流行している現代にも当てはまることです。ダイエットの失敗は、結局は本人の自制心のなさに起因します。ところがダイエットを繰り返す人は、より安易な方法の発明を求め、食事制限や運動から離れて、ダイエット剤へと傾斜してゆきます。まして中納言にまでなっている我儘な貴族が、もともと自分を制して、ダイエットすることは、とうてい困難なのです。

藤原朝成《あさひら》は、他の説話にも登場します。『古事談』二・『続古事談』二・『十訓抄《じっきんしょう》』九に、藤原伊尹《これまさ》と参議就任を争って、伊尹を貶《おとし》め、その後摂政となった伊尹に大納言就任を阻《はば》まれて怨霊となった朝成が描かれています。『大鏡』にも、蔵人就任をめぐって伊尹と争い、別の事件で伊尹に侮辱され、それが原因で朝成は死亡して、怨霊となって伊尹一家に祟《たた》ったという話があります。二人とも蔵人になっていますし、参議になるのも朝成の方が伊尹より二年早いくらいですから、これらの説話は事実とは違っています。

しかし、このような説話がつくられるということは、朝成は伊尹と争ってもおかしくないほど、気性の激しい人だったということなのでしょう。『今昔物語集』のこの話でも、最後に医師は、「逃《にげ》て去《さ》」っています。

図3　絵師の食事風景

ダイエットの失敗は本人のせいなのですから、医師が逃げる必要はありません。それが逃げ出したと表現されるところに問題があります。つまり、失敗を自分の責任とせずに、医師の責任にしかねない朝成像があったということ。そして怨霊にされるくらいですから、あの食べっぷりから、ダイエット失敗の怒りで、医師に喰らいつきかねないという笑話的暗示がしめされているのではないでしょうか。

平安の肥満　朝成の容姿については、『続古事談』に「あさましく肥て、みめ人にことなりけるにや」と表現されています。ふくよかな艶福《えんぷく》という感じではなく、見るからにでっぷりとして、あまりの太り方に嫌悪感をもつ、といった書かれ方をしています。これは多少割り引いて読まなければならないでしょうが、平安時代においても肥満は醜いと感じられていたことがわかります。

ですが、いかにたくさん食べたとしても、現代の栄養過多の食事と違って、古代では大豆や野菜などが中心の食事です。復元された貴族の食事をみても、それほど太る要素はないのではないかと思われます。三条中納言のように大食する人は、説話の材料にされるほど珍しい存在でしょう。しかし、『病草紙』に描かれたように、肥満症の人は一般にいたのでしょう。

加工食品ではなく、自然食品を食べていて肥るというのは、原因は運動不足と新陳代謝の問題としか考えられません。『源氏物語絵巻』に描かれた下膨《しもぶく》れの貴族の男女を見てもわかりますように、一様に彼らは新陳代謝が悪そうです。ことに公家の女性は、特別な日以外は外出をせず、室内に閉じこもることが多い生活です。お風呂も現代のように毎日入るということはまずありません。外出しないのですから、運動など皆無でしょう。

外出・運動なしで食事は摂る。これの繰り返しですから、肥満細胞はどんどん成長します。ふっくらとした女性が増えてくるのは当然です。これは公家の男性にもほとんど同様のことがいえます。しかし、男性の方が多少は活動範囲が広いので、少しはましかもしれません。

食事の一例

少々、特殊な例ばかりあげてしまいましたので、ここで、『富家語《ふけご》』から、当時の基本的な食事作法を紹介したいと思います。同書（一六一）には次のような規則が書かれています。

> 食するには、先づ必ず三把《みつば》を取るべきなり。味噌水《みそうず》にも猶《なほ》少し取るべきなり。薯蕷巻《いもまき》などをば一つ取りて置くなり。

「三把」はいわゆるセリ科の三葉のことです。今でも薬味野菜としてよく利用されます。それを食事の最初に摂取すべきであると教えてくれているのです。食事の最初に野菜類を摂るのは、低インシュリンダイエットの基本です。これは理に叶《かな》っています。また三葉は香がよく、食欲をそそります。味噌雑炊にも入れるとよいというのも、今とかわりません。薯蕷巻《いもまき》というのは、薯蕷《しょよ》と米粉を摺り合わせて昆布で巻いたものを煮て、小口切りにした料理ですが、これがなんの意味をもつのかは不明です。

次は少々異例ですが、『中外抄』上（二一）には僧侶が鳥肉を食する話が載せられています。

仁海《にんがい》僧正は鳥を食ひける人なり。房に住みける僧の雀《すずめ》をえもいはず取りけるなり。件《くだん》の雀をはらはらとあぶりて、粥漬《かゆづけ》のあはせに用ゐけるなり。

僧侶の肉食は原則としては違反でしょうが、説話に載せてもよいくらいには、奇異とするにあたらない実態だったのかもしれません。それよりも「雀をはらはらとあぶりて」という表現はどうですか。なんとも美味しそうな表現ではありませんか。それを粥漬のおかずにして食べるというのです。これは仁海さんを責めるというよりは、その美味しそうな炙《あぶ》り雀を羨ましく描いているように思われてなりません。

次もちょっと美味しそうな話です。『中外抄』下（三三）に載せる鰯《いわし》と鯖《さば》の話です。

鰯《いわし》は、いみじき薬なれども、公家《くげ》には供《くう》せず。鯖は、苟《いや》しき物なりといへども、供御《くご》に備ふなり。後三条院は、鯖の頭《かしら》に胡桃《くるみ》をぬりて、あぶりて聞こしめしき。

鰯は薬にもなる身体によい食べ物ですが、公家の食事には出されません。それに対して、鯖は同じように卑しい魚ですが、天皇の食事にも出されます。後三条院などは、鯖の頭部に胡桃《くるみ》を塗って、それを炙《あぶ》って食べたということです。鰯と鯖の扱いの差は、どこに遠因があるのかわかりませんが、天皇が鯖を食べ、鰯は公家も食べないというのは面白い話です。鯖は、現代では塩焼きか味噌煮がポピュラーな調理法ですが、胡桃を塗って食べるというのは、いかにも香ばしい感じで、鯖の生臭さが消えて美味しそうです。

若狭の鯖がいつごろから京に運ばれるようになったのか明確ではありませんが、この頃はおそらく干し鯖でしょう。頭部というのは、天皇は魚の頭も棄てずに食べたという質素倹約の表れかもしれませんが、意外と後三条院の好みだったかもしれません。このように、私たちはダイエットよりも、いかに美味しく食べられるかという方に、努力を傾けてきたようです。

参考文献

【全体にかかわるもの】
馬渕和夫・国東文麿・稲垣泰一『新編日本古典文学全集　今昔物語集①～④』（小学館、二〇〇一年）
『新日本古典文学大系　今昔物語集（一）～（四）』（岩波書店、一九九六年）
池上洵一編『今昔物語集　本朝部（上・中・下）』（岩波文庫、二〇〇一年）
佐藤謙三校註『今昔物語集　本朝世俗部（上・下）』（角川文庫、一九五五年）
木村茂光編『教養の日本史　平安京くらしと風景』（東京堂出版、一九九四年）
小峰和明『今昔物語集の世界』（岩波ジュニア新書、二〇〇二年）
小峰和明編『今昔物語集を学ぶ人のために』（世界思想社、二〇〇三年）
中村真一郎『王朝物語』（新潮文庫、一九九八年）
村井康彦編『図説日本文化の歴史４　平安』（小学館、一九七九年）

【第一章】
池上洵一『説話と記録の研究　池上洵一著作集第二巻』（和泉書院、二〇〇一年）
朧谷壽「賀茂祭の桟敷」（『角田文衛博士古稀記念　古代学叢論』所収、同事業会、一九八三年）
朧谷壽「賀茂祭にみる『過差』について」（『古代学研究所　研究紀要』第一輯、一九九〇年）
朧谷壽「賀茂祭管見――平安朝の文献にみる祭の様相――」（『賀茂文化研究』第四号、一九九五年）
中村修也『秦氏とカモ氏　平安京以前の京都』（臨川書店、一九九四年）
中村修也「平安貴族と稲荷祭」（『朱』三九号、一九九六年）
中村修也「稲荷詣は恋の道」（『大いなり』一五六号、二〇〇二年）
野田有紀子「行列空間における見物」（『日本歴史』六六〇号、二〇〇三年）

服藤早苗『平安朝の女と男』（中公新書、一九九五年）
三宅和朗「古代賀茂祭の特質」（金子裕之編『日本の信仰遺跡』所収、雄山閣出版、一九九八年）

【第二章】

秋山國三・仲村研『京都「町」の研究』（法政大学出版局、一九七五年）
稲本紀昭ほか『三重県の歴史』（山川出版社、二〇〇〇年）
弥永貞三「奈良時代の銀と銀銭について」（『日本古代社会経済史研究』所収、岩波書店、一九八〇年）
加藤友康「八・九世紀における売券について」（土田直鎮先生還暦記念会編『奈良平安時代史論集』上巻所収、吉川弘文館、一九八四年）
戸田芳実『初期中世社会史の研究』（東京大学出版会、一九九一年）
中村修也「古代貨幣論」（虎尾俊哉編『日本古代の法と社会』所収、吉川弘文館、一九九五年）
中村修也「わらしべ長者と古代交易」（『史潮』四一号、一九九七年）
横田健一「滅亡前における上宮王家の勢力について」（『日本古代神話と氏族伝承』所収、塙書房、一九八二年）

【第三章】

會田実「武人・盗人・相撲」（小峯和明編『今昔物語集を学ぶ人のために』所収、世界思想社、二〇〇三年）
堀内和明「平安中期検非違使の武力について」（日本史論叢会編『論究日本古代史』所収、学生社、一九七九年）
山田充昭「検非違使成立期前後の京中警備の実態」（『日本史研究』四〇六号、一九九六年）
大饗亮『律令制下の司法と警察』（大学教育社、一九七九年）
森田悌「検非違使成立の前提」（『日本歴史』二五五号、一九六九年）
中村修也「京職論」（『延喜式研究』一〇号、一九九五年）
中村修也「古代貨幣論」（虎尾俊哉編『日本古代の法と社会』所収、吉川弘文館、一九九五年）
渡辺直彦『日本古代官位制度の基礎的研究』（吉川弘文館、一九七二年）
井上満郎『平安時代軍事制度の研究』（吉川弘文館、一九八〇年）
前田禎彦「平安時代の法と秩序——検非違使庁の役割と意義——」（『日本史研究』四五二号、二〇〇〇年）

前田禎彦「検非違使別当と使庁」（『史林』八二—一、一九九九年）
前田禎彦「摂関期裁判制度の形成過程——刑部省・検非違使・法家——」（『日本史研究』三三九号、一九九〇年）
告井幸男「摂関期の騒擾事件と権門・検非違使」（『日本史研究』四三三号、一九九八年）
山口眞琴「検非違使と罪業をめぐって——『今昔物語集』と中世説話集／往還——」（説話と説話文学の会編『説話論集　第十二集　今昔物語集』所収、清文堂出版、二〇〇三年）
長野甞一「今昔物語集を中心として見たる平安時代警察権の消長」（『長野甞一著作集第一巻　今昔物語集論考』所収、笠間書院、一九七九年）

【第四章】
浅野祥子「小野篁説話考——異界との親近性と、その流布をめぐって——」（『国文学年次別論文集　中古　昭和62年』所収、朋文出版、一九八八年）
池田和臣「御堂関白・藤原道長——晴明の傀儡師」（『国文学　解釈と鑑賞』第六七巻六号、二〇〇二年）
石原昭平・根本敬三・津本信博『篁物語新講』（武蔵野書院、一九七七年）
小島孝之「説話世界に見る晴明」（前掲『国文学　解釈と鑑賞』第六七巻六号）
佐伯有清『伴善男』（人物叢書、吉川弘文館、一九七〇年）
志村有弘『陰陽師安倍晴明』（角川ソフィア文庫、一九九九年）
志村有弘「安倍晴明伝」（前掲『国文学　解釈と鑑賞』第六七巻六号）
竹村信治「史書・日記に見る晴明」（前掲『国文学　解釈と鑑賞』第六七巻六号）
中橋　實『平安人物誌』（近代文芸社、一九九七年）
松本公一「小野篁冥官説話の成立とその周辺」（『文化史学』四三号、一九八七年）
村山修一「日本の陰陽道と安倍晴明」（前掲『国文学　解釈と鑑賞』第六七巻六号）
村山修一『陰陽道史総説』（塙書房、一九八一年）

【第五章】
秋山光和『平安時代世俗画の研究』（吉川弘文館、一九六四年）

家永三郎『上代倭絵全史 改訂重版』（名著刊行会、一九九八年）
池上洵一『今昔物語集の研究 池上洵一著作集第一巻』（和泉書院、二〇〇一年）
荻美津夫『平安朝音楽制度史』（吉川弘文館、一九九四年）
小峯和明『説話の森 中世の天狗からイソップまで』（岩波現代文庫、二〇〇一年）
志村有弘『羅城門の怪』（角川選書、二〇〇四年）
田中英道『日本美術全史』（講談社、一九九五年）
藤田経世『日本美術全史2 平安時代』（美術出版社、一九六八年）
宮島新一『宮廷画壇史の研究』（至文堂、一九九六年）
むしゃこうじ・みのる『ものと人間の文化史63 絵師』（法政大学出版局、一九九〇年）
芳之内圭「平安時代の画所について」（『日本歴史』六五九号、二〇〇三年）

【第六章】

櫻井信也「日本古代の鮨（鮓）」（『続日本紀研究』三三九号、二〇〇二年）
槇佐知子『今昔物語と医術と呪術』（築地書館、一九八四年）
松井 魁『ものと人間の文化史56 鮎』（法政大学出版局、一九八六年）
三田村鳶魚『鳶魚江戸文庫5 娯楽の江戸 江戸の食生活』（中公文庫、一九七七年、初出一九三八年）

年表

和暦	西暦	天皇	事項
延暦13	七九四	桓武	平安京遷都
14	七九五		宗像三神を勧請して七条猪熊に市比売神社を建立する。
15	七九六		一月、大極殿が完成する。是歳、東寺・西寺・鞍馬寺を創建。
19	八〇〇		七月、天皇、神泉苑に行幸する。
23	八〇四		遣唐使派遣。最澄・空海・橘逸勢らが随行する。
24	八〇五		十月、坂上田村麻呂が清水寺を建立。十二月、造宮職を廃止する。
大同2	八〇七	平城	五月、賀茂御祖神・別雷神に正一位を授ける。十一月、葛野川の大堰を修造する。
3	八〇八		百済河成、左近衛府舎人となるも、図画の才でしばしば召される。
弘仁1	八一〇	嵯峨	三月、蔵人所が設置される。八月、薬子の変が起きる。
6	八一五		この頃、検非違使が設置される。
7	八一六		八月、大風によって羅城門などが倒壊する。
9	八一八		四月、広隆寺が火災により全焼する。五月、愛宕郡の貴船社を大社とする。
13	八二二		小野篁、文章生となる。
14	八二三	淳和	二月、比叡山寺を延暦寺と改称する。
天長1	八二四		防鴨河使・防葛野河使が設置される。
5	八二八		十二月、空海が種芸種智院を創立する。
10	八三三	仁明	小野篁、東宮学士兼弾正少弼となる。

承和1	八三四		小野篁、遣唐副使に任じられるが、大使藤原常嗣と反目し、隠岐に配流される。この頃、検非違使庁が整備される。
5	八三八		七月、諸家が京中に水田を営むことを禁止する。
9	八四二		七月、伴健岑・橘逸勢らが承和の変を起こす。
14	八四七		小野篁、参議となる。
仁寿2	八五二	文徳	十二月二十二日、小野篁薨去する、五十一歳。
天安1	八五七		二月、藤原良房が太政大臣となる。
貞観3	八六一	清和	三月、防鴨河使・防葛野河使を廃止し、山城国に属させる。
5	八六三		正月三日、大納言源定薨去する、四十九歳。五月、神泉苑で御霊会を行う。
8	八六六		閏三月、応天門の変が起こる。九月、伴善男・中庸、伊豆・隠岐に配流される。
11	八六九		疫病流行により、六十六本の鉾を造り祇園社から神泉苑に行進する（祇園御霊会の始まり）
12	八七〇		検非違使は強窃・二盗・殺害・闘乱・博戯・強姦等にのみ関与し、他は執行しなくなる。
18	八七六	陽成	二月、正子内親王、嵯峨院を大覚寺とする。四月、大極殿炎上する。
元慶7	八八三		昨年能登に来着した渤海使が入京し、鴻臚館に入る。
仁和1	八八五	光孝	十月、王臣家と唐商人たちの高値交易を禁止する。
3	八八七	宇多	三月、仁和寺が創建される。十一月、阿衡事件がおきる。藤原基経関白就任。
寛平6	八九四		九月、遣唐使が廃止される。十月、左右検非違使庁を定めて、毎日、政を行わせる。
昌泰2	八九九	醍醐	九月、蹴馬の党が蜂起する。相模国足柄坂と上野国碓氷坂に関を設置する。
延喜2	九〇二		三月、初めて荘園整理令が出される。
8	九〇八		藤原時平が稲荷社を修造する。
21	九二一		安倍晴明誕生する。
延長5	九二七		十二月、延喜五年に着手した『延喜式』が完成する。

承平５	九三五	朱雀	二月、平将門の乱が起きる。
天慶２	九三九		十二月、藤原純友の乱が起きる。
天暦５	九五一	村上	清原元輔、撰和歌所に召されて、源順らと共に梨壺の五人と称された。
天徳２	九五八		三月、最後の皇朝銭である乾元大宝が鋳造される。
４	九六〇		安倍晴明、天文得業生となる。
康保３	九六六		閏八月、桂川が氾濫し、五条・六条以南は水没する。十月、源博雅、勅命により『新撰楽譜』を撰進する。
安和２	九六九	円融	安和の変が起きる。
天禄２	九七一		藤原朝成（三条中納言）、中納言となる。
３	九七二		安倍晴明、天文博士となる。この頃、『蜻蛉日記』が成立する。
貞元１	九七六		六月、大地震により、官舎・民家をはじめ東寺・西寺・清水寺なども倒壊する。
２	九七七		賀茂保憲没する。
天元３	九八〇		従三位源博雅卒する、六十三歳。
５	九八二		慶滋保胤が『池亭記』を著す。
正暦４	九九三	一条	茨田重方、左近衛府生に復任する。清少納言、中宮定子に出仕する。
５	九九四		疫神を船岡山に祀り、今宮社とし、御霊会を行う。
寛弘２	一〇〇五		九月二十六日、安倍晴明没する、八十五歳。十二月、紫式部、中宮彰子に出仕する。
長和５	一〇一六	後一条	正月、藤原道長が摂政となる。
寛仁４	一〇二〇		藤原保昌、丹後守として任地に赴任する。此頃、和泉式部と婚姻。
長元９	一〇三六	後朱雀	十月、藤原保昌卒する、七十九歳。
永承６	一〇五一	後冷泉	陸奥で安倍頼時が反乱を起こし、前九年の役が始まる。
天喜１	一〇五三		三月、平等院鳳凰堂が完成する。
永保３	一〇八三	白河	九月、奥羽の清原氏が反乱を起こし、後三年の役が始まる。
永長１	一〇九六	堀川	六月、京中に田楽が大流行する。

嘉承1	一一〇六		是歳、春から京中で飛礫が流行する。これ以降、『今昔物語集』が成立する。
永久2	一一一四	鳥羽	四月、賀茂祭供奉の検非違使の下部の装束過差を制止する。
久安4	一一四八	近衛	六月、土御門内裏が焼亡する。
保元1	一一五六	後白河	七月、保元の乱起こる。後白河天皇側が崇徳上皇側を倒す。
平治1	一一五九	二条	十二月、源義朝・藤原頼信らが挙兵して、平治の乱を起こす。
仁安2	一一六七	六条	二月、平清盛が太政大臣となる。

おわりに

私と『今昔物語集』との出会いはいつだったでしょうか。おそらくは、「はじめに」の冒頭に掲げました芥川龍之介作品との出会いが、『今昔物語集』と関わりをもった最初ではなかったかと思います。もちろん芥川作品と『今昔物語集』とは別物です。そして私自身も、芥川作品は近代の名作短篇として読み、『今昔物語集』として読んだわけではありません。ですが、のちに『今昔物語集』の中に、「羅生門」はもちろん「藪の中」「山芋」「鼻」など読み覚えのある話をみつけると、「あっ、これは知ってる」「なぁんだ、これも『今昔物語集』にもとの話があったのか」と知っている喜びを感じたものです。

こうしたちょっとした喜びが古典文学に近づくきっかけになります。いきなり、聞きなれない古文を読んで、内容もわからないとなれば、誰も積極的に近づきたいとは思いません。英語などは、最初から外国の言葉という認識があるので、かえって抵抗感は薄いし、英語のマスターはこれから出会う外国人とのコミュニケーションに役立つものだという割り切り方もできます。ところが、古文は、現代文法と似ているけれど違いも多く、まして覚えたところで、それは過去のものという無力感があります。

ですが、もし私たちが学ぶ古典が、内容の面白いものだったらどうでしょうか。古典文法の困難さは変わりませんが、内容に惹きつけられて読んでみようという気持ちが起こります。その上、実はその内容も舞台設定は異なるものの、本質は現代の私たちが直面しているような問題と同じとなれば、いっそう興味がわきます。このことがたいへん重要だと思います。

清少納言の『枕草子』や紀貫之の『土佐日記』、鴨長明の『方丈記』に吉田兼好の『徒然草』に紫式部の『源氏物語』あたりが高校の授業で習うポピュラーな古典でしょうか。もちろんこれらは重要な古典文学です。しかも比較的読みやすいものです。しかし、実のところ、『枕草子』は短文で親しみやすいけれど、短すぎて意味不明なところがあります。『源氏物語』の方は文章は長いし、訳を読んでみると、女性のことばかり考えている男の話で、あまり共感できない部分があります。こういった問題は、その古典文学が書かれた時代背景、かんたんに言いますと歴史を知っていなければ、理解できないことから生じているのです。

逆に言い直しますと、「平安」という時代の歴史を知っていれば、もっと『枕草子』や『源氏物語』を楽しく読めるということになります。そういう意味では、『今昔物語集』は、書かれている内容も面白く、読み進むうちに自然と当時の人々の生活の様子や歴史がわかってくる、とても便利な古典文学といえるのです。『今昔物語集』は平安時代の人々の暮らしを知るためにも、たいへん貴重な史料なのです。私としては、もっと高校の古典の教科書に『今昔物語集』をとりあげて欲しいと思っています。

私が教材として『今昔物語集』をとりあげたのは、平成六年に文教大学教育学部に勤めるようになってからです。文教大学の教育学部は小学校教員の要請課程を主としていました。これから小学校の先生になろうとしている学生たちに、「日本史基礎演習」という授業で何を教材としたらよいかと考えた時、頭に閃《ひらめ》いたのがこの『今昔物語集』でした。あまり専門的な歴史史料ではとっつきにくいし、かといってなんとか古代の史料にも親しんで欲しい。そんな思いから悩んだ末に選んだのが、この『今昔物語集』だったのです。

授業は、学生たち一人一人に『今昔物語集』の中から一話を選んでもらって、発表してもらいました。古典の授業ではありませんから、文法などはあまり気にしません。どちらかと申しますと、平安京に生きた人たちのイメージ作りが主体でした。自分の好きな話が選べるので、学生たちも積極的に参加してくれました。こうした授業を四年間続けるうちに、『今昔物語集』の本朝世俗編はほぼ読み終えることができました。本書は、遅まきながら、その時の成果といえます。四年間、私の相手をしてくれた学生諸君、ありがとう。

『今昔物語集の人々』とタイトルに「人々」とつけたのも、平安時代を生きた「人々」を感じていただきたかったからです。

私事ですが、本書は思文閣出版から出していただく私の初の単著になります。『日本書紀の世界』『続日本紀の世界』という二冊の編著以来、お付き合いくださり、今回も編集の労をとってくださった思文閣出版の林秀樹氏に篤く御礼申し上げます。

平成十六年孟夏

中村修也

◎収録図一覧（掲載順）◎

［はじめに］
図1　平安京条坊図（『平安時代史事典　資料・索引編』、角川書店）
図2・3　東京図・西京図（故実叢書『拾芥抄』、明治図書）

［第1章］
中扉　見物人（京都大学大学院文学研究科蔵「年中行事絵巻」）
図1　葵祭行列（著者撮影）
図2　葵祭車争いの図（名古屋市博物館蔵「源氏物語図屛風」）
図3　桟敷の図（前掲「年中行事絵巻」）
図4　葵祭巡行図
図5　斎宮御禊巡行道順（朧谷寿「賀茂祭管見」、『賀茂文化研究』第4号）
図6　清原氏略系図
図7　伏見稲荷大社（著者撮影）
図8　清少納言（東京国立博物館蔵）
図9　御斎会結願の路上（前掲「年中行事絵巻」）
図10　伏見稲荷大社の命婦願掛け絵馬（著者撮影）

［第2章］
中扉　門前の露店（京都国立博物館蔵「餓鬼草紙」）
図1　伊勢国略図（『国史大辞典』第1巻、吉川弘文館）
図2・3　旅先の商人（京都市立芸術大学芸術資料館蔵「一遍上人絵伝（模本）」）
図4　右京南半分図（『平安京提要』、角川書店）
図5　土御門殿（藤原道長邸）復元模型（中部大学工学部池浩三研究室）
図6　源定関係系図
図7　『源氏物語』の六条院想定平面図（『源氏物語の地理』所収池浩三「六条院想定平面図」、思文閣出版）

［第3章］
中扉　検非違使の長・火長と従者たち（出光美術館蔵「伴大納言絵巻」）
図1　武者と従者（前掲「一遍上人絵伝（模本）」）
図2　藤原保昌関係系図
図3　覆面の男たち（前掲「一遍上人絵伝（模本）」）
図4　検非違使の一行（前掲「伴大納言絵巻」）
図5　弓を持つ下級官人舎人（同上）
図6　裁きの場（同上）
図7　看督長（同上）

［第4章］
中扉　小野篁像（珍皇寺蔵）

索　　引

◆著者略歴◆

中村修也（なかむら　しゅうや）

1959年生．1989年筑波大学大学院歴史人類学研究科終了．文教大学教育学部教授．博士（文学）．主な著書に『泰氏とカモ氏　平安京以前の京都』（臨川書店），『平安京の暮らしと行政』（山川出版社），『女帝推古と聖徳太子』（光文社），『日本書紀の世界』『続日本紀の世界』（以上編著、思文閣出版），『史料による茶の湯の歴史（上・下）』（共著，主婦の友社）などがある．

今昔物語集《こんじゃくものがたりしゅう》の人々《ひとびと》　平安京篇《へいあんきょうへん》

2004（平成16）年11月1日　発行

定価：本体2,300円（税別）

著　者　中村修也

発行者　田中周二

発行所　株式会社　思文閣出版
〒606-8203 京都市左京区田中関田町2-7
電話 075-751-1781（代表）

印　刷
製　本　株式会社図書印刷同朋舎

ISBN4-7842-1213-2　C1021